价值共生 韧性成长

解码中国管理模式

中国管理模式50人+论坛 著

机械工业出版社
CHINA MACHINE PRESS

本书通过解读"价值共生 韧性成长"的时代管理主题，结合作者实地调研左右家私、利群集团、施耐德电气、伽蓝集团、中垦牧乳业、邦德激光、金陵饭店等多个行业标杆企业的管理实践，探索企业在冗余设计、生态协同、业务重塑、数智赋能等方面的努力和沉淀，总结提炼了陈春花、毛基业、朱武祥、黄伟、乐国林、任兵、吕力等十余位管理学专家的前沿洞见，挖掘与分享在当前复杂时代背景下中国企业的优秀管理实践，解码中国企业管理奥秘，探索企业管理新方向，助力中国企业在变局时代逆风飞翔、砥砺前行。

图书在版编目（CIP）数据

价值共生 韧性成长：解码中国管理模式 / 中国管理模式 50 人 + 论坛著 . —北京：机械工业出版社，2024.7
ISBN 978-7-111-75758-0

Ⅰ . ①价… Ⅱ . ①中… Ⅲ . ①企业管理 – 管理模式 – 研究 – 中国 Ⅳ . ① F279.23

中国国家版本馆 CIP 数据核字（2024）第 092349 号

机械工业出版社（北京市百万庄大街 22 号　邮政编码 100037）
策划编辑：秦　诗　　　　　责任编辑：秦　诗　高珊珊
责任校对：王小童　梁　静　责任印制：李　昂
河北宝昌佳彩印刷有限公司印刷
2024 年 7 月第 1 版第 1 次印刷
170mm×230mm · 15 印张 · 1 插页 · 167 千字
标准书号：ISBN 978-7-111-75758-0
定价：79.00 元

电话服务　　　　　　　　网络服务
客服电话：010-88361066　机 工 官 网：www.cmpbook.com
　　　　　010-88379833　机 工 官 博：weibo.com/cmp1952
　　　　　010-68326294　金 书 网：www.golden-book.com
封底无防伪标均为盗版　机工教育服务网：www.cmpedu.com

编委会

按照姓氏拼音排序

陈春花　傅胜龙　黄　伟　乐国林

刘　磅　吕　力　毛基业　任　兵

吴晓松　徐少春　朱武祥

推荐序

价值共生 韧性成长

陈春花
中国管理模式 50 人 + 论坛联合创始发起人
管理学者、教授

当企业所处的外部环境变得越来越复杂，每一个管理者都需要做出新选择。这个选择既影响着企业如何在现在生存，又影响着企业如何在未来长期发展。

2022 年"中国管理模式杰出奖"（以下简称"杰出奖"）的主题为"价值共生 韧性成长"，这个主题表达了中国管理模式 50 人 + 论坛每一位成员对未来和现在所面临的挑战的基本选择。从所有"杰出奖"获奖企业当中，我们能够深深感受到"价值共生"和"韧性成长"的理念带给它们的帮助，而每一个获奖企业所创造的价值、所选择的模式、所获得的成就，也带给我们更多指引。

在研究中，我特别关注如何理解"复杂性"给企业带来的挑战。

我反复强调"慢变量"是其中的关键。那么，什么是复杂世界中的"慢变量"？

那些能够真正给企业带来长期发展并可以解决当下问题的核心要素就是企业应该去选择的"慢变量"。

下面谈谈在复杂世界中，管理者选择"慢变量"时应考虑的几个重要维度。

以顾客为中心

无论外部环境怎样复杂、怎样变化，聚焦于顾客价值创造依然是企业的首选。在今天，企业遇到的最大难题其实是如何跟顾客一起创造价值并跨越周期。那些真正能够成长起来的企业，包括这次遴选出来的"杰出奖"获得者和"中国数字化突破实践奖"获奖企业，正是把技术与员工、供应商、生态伙伴协同在一起，连接共生，为顾客提供了真正的价值。也正是因为这样，它们获得了跨越周期的价值增长。

塑造变化

企业处在当前这个复杂世界，需要能够在稳定性、灵活性、复杂性之间取得平衡，因此企业就必须主动塑造变化。塑造变化的核心是"创智行动"，也就是企业要围绕顾客价值展开一系列的创造性活动，让企业真正做到以人为本，让企业的组织成员通过组织学习以及自主行动来真正创造价值。这种拥抱变化和自我塑造变化的意识与状态，在当下必须成为一种习惯，因为只有养成这种习惯才可以帮助企业真正地面对这个复杂的世界。

致力于不可替代的价值

我们要把企业的使命、企业的价值追求、企业与社会之间真正有意义的协同共生组合在一起，真正理解企业所承担的社会责任。如果企业能把使命和价值追求呈现在产品和服务中，让组织成员从使命出发来确定每项任务，从而让世界变得更好，能够更好地帮助顾客，能够推动社区的健康成长，我相信这就是一种真正致力于长期发展的模式，让企业既能够更好地面对今天，又能够更好地面对未来。

韧性成长

"韧性成长"是在复杂世界中的管理者必须做出的一个根本选择。如果企业能够真正地有"韧性"、有"敏捷性"，那么它是可以应对复杂和变化的环境的。微软提出的"韧性成长"方法论，正是应对数字技术带给整个世界变化的一种选择。环境变化要求企业具有弹性，这需要企业有更多的"敏捷性"。而"敏捷性"和"韧性"恰恰是企业抵御危机的能力，也使得企业能够适应动态变化、不断进化。如果能将"敏捷性"和"韧性"变成企业内在的方法论，真正把创新融合到企业文化中，形成企业内部敏捷协同的效率，那企业的价值创造力在"韧性成长"中既会有方法，也会有战略。企业就有机会真正地应对复杂的世界。

在复杂世界中,面对不确定性,提升组织学习能力是重点。众所周知,在今天我们面对的更多是未知状况,由已知转向未知时,关键在于我们的学习能力如何。组织学习可以帮助我们先调整认知,使得我们关注那些形成变化的关键性驱动因素,进而做出选择。

同时,我们在行为上也要有所改变。行动让我们不等待、不盲目乐观、不灰心丧气,也让我们更加具备敬畏心,主动创造。组织学习恰恰是让团队保持高效沟通,给予团队信心,进而共渡难关的一个重要选择。

因此,我们应该在这个复杂世界中相信生活,而不是憧憬胜利。我们要敬畏责任,而不是崇拜力量。当共生成为一种基本的生存方式时,企业约束自己持续学习,会在复杂的世界中真正实现韧性成长。

推荐序 **价值共生 韧性成长**

陈春花
中国管理模式 50 人 + 论坛联合创始发起人
管理学者、教授

总论 1 **数字化时代的领导力** / 1

徐少春
中国管理模式 50 人 + 论坛联合创始发起人
金蝶集团董事会主席兼 CEO

傅胜龙
中国管理模式 50 人 + 论坛 2022 年度轮值企业家召集人
大汉控股集团有限公司党委书记、董事长，大汉国际工匠院创始人

总论 2	**价值共生 韧性成长：大汉集团的数字化转型实践** / 4

傅胜龙

中国管理模式 50 人 + 论坛 2022 年度轮值企业家召集人

大汉控股集团有限公司党委书记、董事长，大汉国际工匠院创始人

总论 3	**数字经济、元宇宙、企业数智化与量子管理理论：回归管理学初心的思考** / 10

黄伟

中国管理模式 50 人 + 论坛成员

南方科技大学深圳国家应用数学中心数字经济研究中心主任、商学院创院院长、讲席教授

世界信息系统学会会士（AIS-Fellow）

总论 4	**风险社会与企业韧性成长：问题与关键** / 14

乐国林

中国管理模式 50 人 + 论坛 2022 年度轮值主席

青岛理工大学图书馆馆长、教授

总论 5	**中国企业家的良知即创造** / 19

吕力

中国管理模式 50 人 + 论坛 2023 年度轮值主席

扬州大学教授

总论 6	**良知驱动，创新成长** / 23

刘磅

中国管理模式 50 人 + 论坛 2023 年度轮值企业家召集人

深圳达实智能股份有限公司创始人兼董事长

总论 7　**2022 中国管理模式 50 人 + 论坛洞察报告：价值共生　韧性成长** / 32

　　中国管理模式 50 人 + 论坛

第一章　左右家私：从制造家具到打造一种生活方式 / 37

　　左右家私的"中庸之道" / 39

　　历次化危为机的逆势成长 / 41

　　新经济时代的价值共生 / 44

　　幸福文化的舍得之道 / 49

　　左右家私的价值共生与韧性成长 / 50

第二章　利群集团：中华老字号的发展模式探索 / 53

　　利群集团韧性成长概述 / 54

　　利群集团商道战略"五力"模型 / 57

　　利群商道"五力"模型的关键实践 / 62

　　商贸百货发展趋势与利群发展展望 / 72

　　利群集团的价值共生与韧性成长 / 75

第三章　施耐德电气：数字化绿色转型升级之路 / 77

　　前瞻性的战略转型决策 / 78

　　战略落地策略 / 81

　　助力产业链上下游协同实现绿色减碳 / 85

　　施耐德电气的价值共生与韧性成长 / 88

第四章　协鑫集团：共生与互利，成就国内新能源行业第一 / 90

　　协鑫所处的时代背景与行业趋势 / 91

　　公司战略与时俱进 / 94

　　管理模式的数字化转型 / 99

协鑫集团的价值共生与韧性成长 / 102

第五章　伽蓝集团：科技美妆企业破局，颠覆传统渠道交易模式 / 104

内外部冲击带来全新挑战 / 105

企业核心价值观及数字化转型战略 / 108

关键转型举措与实施 / 111

带动产业生态圈价值共生 / 116

共渡难关韧性成长 / 119

转型成果与未来展望 / 120

伽蓝集团的价值共生与韧性成长 / 124

第六章　友达苏州：共创共好的数字化转型之路 / 127

数字化转型战略布局 / 128

"共创共好"的数字化转型模式 / 133

实现韧性成长 / 138

未来展望 / 140

友达苏州的价值共生与韧性成长 / 141

第七章　中垦牧乳业：良品文化的慢生长之道 / 144

良品文化：简约而不简单 / 146

精准的战略定位：打造良品品质，做区域差异化乳企 / 147

全产业链运营与适配的商业模式 / 155

高效的组织运行机制与能力保障 / 160

新机遇、新挑战 / 162

中垦牧乳业的价值共生与韧性成长 / 167

第八章　明泉化工：现代绿色化工企业的数字化转型之路 / 170

数字化转型战略的源起与远景 / 172

　　　　转型实践三阶段 / 173
　　　　数字化转型中的"明泉"精神 / 180
　　　　数字化转型历程的再回顾 / 182
　　　　明泉数字化转型的三大特色 / 183
　　　　明泉的价值共生与韧性成长 / 187

第九章　邦德激光：激光行业数字化转型成功实践的一张鲜明"名片" / 189

　　　　管理数智化与决策数字化 / 191
　　　　生产制造、组织管理、企业决策的成功转型 / 193
　　　　转危为机逆流发展 / 197
　　　　邦德激光的价值共生与韧性成长 / 205

第十章　金陵饭店集团：完成数字化转型，打造酒店空间经营新商业模式 / 208

　　　　多个行业第一，勇于吃螃蟹 / 210
　　　　金陵饭店集团的数字化战略演进 / 211
　　　　总结数字化变革突破发展瓶颈 / 219
　　　　金陵饭店集团的价值共生与韧性成长 / 220

中国管理模式杰出奖 / 222

中国管理模式 50 人 + 论坛 / 223

致谢 / 224

数字化时代的领导力

徐少春
中国管理模式 50 人 + 论坛联合创始发起人
金蝶集团董事会主席兼 CEO

傅胜龙
中国管理模式 50 人 + 论坛 2022 年度轮值企业家召集人
大汉控股集团有限公司党委书记、董事长,大汉国际工匠院创始人

2022 年 10 月 21 日,中国管理·全球论坛在长沙开幕。中国管理模式 50 人 + 论坛(简称"C50+")成员傅胜龙、徐少春就"数字化时代的领导力"这一时代话题展开对话。以下是现场对话内容节选。

徐少春：量子思维以西方科学的方法论来阐述中华传统文化的魅力

量子思维实际上是一种"全脑思维"。牛顿式的推理、逻辑思维是一种"左脑思维"，而"右脑思维"是一种联想思维、创新思维。近年来，金蝶提倡的"以客户为中心，长期坚持专业主义"，体现的就是一种"左脑思维"，或者说专业逻辑思维；"以奋斗者为本，长期坚持明心净心"则体现的是一种"右脑思维"。我们倡导的这两种思维结合在一起，实际上就是"量子思维"。

在传统的文化里，我们特别强调开发心灵的宝藏。联系起来想，量子思维其实是一个表现形式，其本质还是我们的心。那么，怎样开发心灵的宝藏，激发每一个人的潜能？王阳明曾讲，"圣人之道，吾性自足，向之求理于事物者误也"，意思就是，我们每个人都有一颗圣人之心，我们有无穷的宝藏，王阳明在当时已经悟到了这个道。

我认为，量子思维正是以西方科学的方法论来阐述中华传统文化的魅力，是非常值得肯定的。量子思维是把中华文化弘扬到全世界很重要的和非常好的一种渠道。通过量子思维的传播，中华文化能够在世界上得到更广泛的分享。

金蝶多年来一直倡导以心为本的文化，核心价值观就是"致良知、走正道、行王道"，让所有员工保持真诚、干净、担当的初心。我们的使命就是"全心全意为企业服务，让阳光照进每一个企业"。

傅胜龙：量子管理为人类文明提供中国智慧

在传统的管理实践中，我们更多强调的是简单的层级和明确的规则，现在我们要打破这些硬性的东西。我在大汉的实践中感到压力最大的，就是如何把科层制的管理形态去掉，把组织边界去掉。这里便需要有一个领导者，这个领导者是一个有着强烈的责任心、有胸怀、愿意奋斗，而且具有很高的能量的人，只有这样的人才能成为量子时代优秀的领导者、企业家。

老子、孔子的思想理念，深入到中国的家庭、企业和社会中，形成了我们的家文化、企业文化、社会文化，影响了所有人。除了大汉和海尔，还有金蝶、达实智能、腾讯、阿里等优秀企业都在实践着量子管理的思想。

我相信，量子管理的思想会影响中国企业的整体发展，形成一种磅礴的力量，为人类文明提供中国智慧、中国方案。

总论 2

价值共生 韧性成长：大汉集团的数字化转型实践

傅胜龙
中国管理模式 50 人 + 论坛 2022 年度轮值企业家召集人
大汉控股集团有限公司党委书记、董事长，大汉国际工匠院创始人

大汉控股集团有限公司（以下简称"大汉"）用 30 年时间走进了中国企业 500 强，在这个变化的时代开启了数字化转型。可以说，大汉在数字化实践的路上走出了自己的方法论，也走出了自己的智慧和积累。

数字化时代的认知变革

当下已经进入信息时代。回顾过去，人类社会在农业时代时，土地和劳动力这两个生产要素发展得非常慢。在工业时代，在土地和劳动力的基础上出现了资本和技术两个生产要素，技术的发展带来巨大的生产力飞跃。后来又出现了公司化的分配制度，使得人的财富快速增长，两三百年的积累超越原来的几千年甚至几万年。

现在又增加了两个要素：数字技术和量子思维。

数字技术和量子思维这两个要素，让这个时代的变化快得无法想象。所有的组织都面临被颠覆，人们的观念也正在被颠覆，财富积累的速度也正在被颠覆。

从公司治理和组织结构来看，正在从单体公司演进到集团化公司，再到平台型公司。当单体公司的管理幅度太大导致管理困难的时候，它们往往会通过股权和层级管理来改善，这样就形成了一个集团，但集团化公司往往是官僚的、效率低下且成本很高的。

一个巨大改变是，腾讯、阿里、滴滴等平台型公司的规模很大，从百亿级到千亿级，甚至万亿级，但在实际管理中，总部能够直接管理每一个业务订单，或者说每一个业务订单都获得了整个系统的赋能。

从价值的角度来看，数字经济最重要的价值就是数字价值。那些巨额亏损的数字化平台企业之所以仍然有那么高的市值，是因为它们最重要的价值是"数字价值"，而这种价值难以用利润表现出来。数字化时代到来后，我对陈春花老师提出的数字化时代的三大规律和四大机制非常认同。

数字化时代的三大规律包括：第一，整体大于部分之和。过去是整体等于部分之和，而在数字化时代，整体价值远超过部分价值之和。第二，范围经济取代规模经济。过去是把企业做大规模，做出规模优势，但现在更多的是做生态体系，强调的是范围而不是规模。第三，共生关系强于竞争关系。过去我们更多强调的是业内竞争，如今已经进入共生的时代，强调共生的关系而非竞争关系。

这三大规律是数字化转型必然遵循的基本规律。基于这些基本规律，就有了四大机制。

第一，价值机制。传统企业在数字化转型时会反复研究企业本身的价值是什么，借助现有的数字化工具和信息平台，能不能创造新价值。比如大汉钢铁贸易，过去是靠信息不对称创造价值，而在数字化时代所创造的价值变成了数字金融价值、数字存货管理价值等。

第二，结构机制。根据价值机制构建商业模式、组织结构和公司治理，形成数字化时代的企业结构机制。

第三，共享机制。在平台型企业生态体系中构建资源共享、信息共享、绩效共享的运营机制。

第四，技术机制。用数字技术将管理智慧融入组织，并形成企业在线管理运营自我优化的技术体系。

数字化时代使组织具备"五眼"能力。第一是组织的"肉眼"能力，常人能看见的，组织也要能"看见"，观察自身的需求。第二是组织的"天眼"能力，常人看不见的，组织可以通过数字技术"看到"。移动互联网实现大平台订单管理，大大提高了管理的幅度和效率。第三是组织的"慧眼"能力，指运用大数据预见组织未来。虽然不确定性仍是必然，但在平台规则内的行为预见是可以实现的。第四是组织的"法眼"能力，组织对异常订单的管理能帮助组织找到自我优化的方法。第五是组织的"佛眼"能力，数字技术可以帮助化育人心，创造更大的社会价值。

大汉的数字化转型实践

大汉在 20 世纪 90 年代创立了大汉钢铁，并于 2014 年成立了大大买钢网。截至 2022 年，大汉供应链公司已经达成几百亿元销售额。基于大大买钢网新设立的大汉电商公司，并购了大汉供应链公司，大汉电商公司的"基因"就是一家互联网公司，是一个垂直电商加撮合交易的平台公司。

下文，笔者依照前述数字化时代的四大机制，分析大汉电商公司是如何做数字化转型的。

第一是价值机制的构建。数字化时代，信息不再是供需双方博弈的筹码，平台要解决的是如何快速精准地为需求方提供供应方的资源信息和价格信息。同时，供应链金融是数字平台业务最容易派生的新价值，数字信用也有望替代不动产担保为行业创造价值。此外，数字存货、数字物流都成为大汉电商重新构建的新价值。

第二是结构机制的构建。随着价值机制的改变，企业的商业模式也发生变化，传统的买进卖出变成了钢厂代理商模式、存货管理模式、终端配送模式和业务撮合服务模式。依据新的业务模式，大汉电商实现了组织重构，从舰队式管理模式向平台式管理模式转变。舰队式管理模式是大汉30年来形成的组织优势，以大汉文化凝聚人心，并配以股权激励，培养了一支战斗力强大的基层队伍。而平台式管理模式强调集团化运作，资源由集团配置，标准由集团制定，绩效由集团考核。集团的管理中心调集资源解决问题，直接赋能组织中的每个业务订单。

第三是共享机制的构建。大汉电商的经理人是一个跨越组织边界的经营个体，他可以是大汉电商内部员工，也可以是外部经理人，甚至可以是共享平台上的供需资源企业。银行、仓储企业、运输司机等都在平台上获得价值。

第四是技术机制的构建。大汉在数字化转型过程中总结了自己的方法论。业务的多元化，对于组织来说是很大的挑战。企业需要数字化来支撑战略系统、结构系统、技术系统、运营系统和文化系统，以此来实现数字世界、物质世界、行为世界的互通共存。用数字技术将管理智慧融入组织，并形成大汉在线管理运营自我优化的技术体系。

大汉数字化转型的另一个案例是大汉城建的数字化转型。早在2011年，大汉城建就成立了大汉城建科创部，专门研究如何将房地产ERP系统改造成基于数字共享的独立数字产品，也就是将ERP系统从树状结构改造成平台结构。2011年大汉建设云服务有限公司成立，提出了"让数字化的阳光照亮建筑的每一个角落"的数字化转型愿景。

基于价值机制，大汉城建重新构建了"1+X"组织模式，也就是大汉城建提供一个平台，招采、建筑、安装、园林、商业、物业、营销都以公司的形式共享大汉城建平台的数字化能力，这个平台即为大汉建设云。大汉建设云上有"金算子""金选子""金眼睛""金信子""金管中心"这"五金"产品，分别解决建设过程中的预算、招投标、验收、合约执行及管理服务问题，同时在项目劳务、财务、营销、物业、商业等方面实行数据资源共享。

大汉的数字化转型方法论

大汉总结的数字化转型方法论，名为OPE法则（见图P2-1）。

O指的是订单优选，所有的管理动作都是为了优选订单，即先将企业的每一笔业务做成订单，再从中优选良好订单，去除有问题的订单。

P指的是流程优选，企业的管理都通过流程传递给订单，并构成成本。实现流程优选（指去除中间化，减少企业决策层级）是数字化的核心任务，也是企业提高效率和效益的关键。

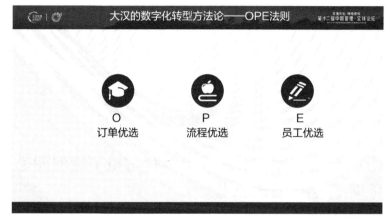

图 P2-1

E 指的是员工优选，即通过数字化转型实现员工的能力提升和价值观优化。集团对岗位、订单、流程实现标准统筹，帮助企业快速提升数字化转型能力。

大汉的单表台既是大汉中台赋能订单的一个技术平台，也是管理人员价值创造的生产线。这条生产线流入的是业务订单，产出的是管理和赋能的价值。

数字化转型的本质在于人的价值的提升。在转型过程中，企业和员工形成了共生体系，个体的能力和价值观都完成快速进化，在此之中，企业文化将成为企业数字化转型的力量之源。大汉是一个重视党建引领的红色文化企业，强调使命感和责任感。大汉的"七红"产品的数字化，即"红书包""红管家""红青年""红妈妈""红旗帜""红展馆""红春晚"的数字化，为全体员工提供了在线的精神食粮。

未来，大汉的数字化转型道路依然漫长。

数字经济、元宇宙、企业数智化与量子管理理论：回归管理学初心的思考

黄伟
中国管理模式 50 人 + 论坛成员
南方科技大学深圳国家应用数学中心数字经济研究中心主任、
商学院创院院长、讲席教授
世界信息系统学会会士（AIS-Fellow）

元宇宙的八大技术基础组件，包含人工智能、增强现实技术、区块链、无人机、物联网、机器人、虚拟现实、3D 打印，这其中的很多技术自主化之后就能够成为功能性机器人，成为我们日常生活中的一部分。现在这些技术更多应用在服务业和生产业，如果真正进入家庭中，有些机器人就会像狗、猫一样每天和我们生活在一起，但会比狗、猫更聪明。这给中国管理学界带来了什么挑战？我们是否准备好了？

当世界开始进入数字经济、元宇宙的智能化时代，如何结合中国管理思想及其模式来探讨甚至启发、引领世界管理思想及其模式的发展，这是中国管理学界尤其是管理学者都在认真思考的。按照管理信息系统（MIS）学科创始人戈登·戴维斯教授(Gordon Davis)的初心，以及其博士生、世界信息系统学会前主席理查德·华生教授（Richard Watson, 笔者的博士联合导师）等资深学者的思想，真正使智能化系统有效运行起来的关键是三个因素，即PIS——人（people）、技术（IT）和建构（structure），即智能化系统的关键在于管理信息系统中的三要素PIS。这当中最重要的还是人的因素。在逻辑上，不能简单地把这三个要素加起来，三要素的逻辑关系是"融合迭代"关系，即三要素可以通过"融合迭代"式的排列组合生成复杂大系统。智能化系统不是个简单系统，其内涵体现为钱学森先生提出的"复杂巨系统"及其管理的新概念。

下面举例简要说明中国东方管理思想中的"融合迭代"理念在数字化、智能化方面的重要性。20世纪80年代，日本政府在经济腾飞之际大力发展了"日本第五代计算机工程"的国家级项目。随后在20世纪90年代，经过新加坡相关部门检测，知名公司富士通设计与生产的中大型计算机的硬件指标可与IBM生产的AS-400计算机一较高下，甚至在某些方面更胜一筹。但是数年后富士通中大型计算机的市场占有率大幅降低，现在市场上几乎看不到了。为什么？核心原因之一就是它虽然重视产品硬件，却忽视了PIS三要素（人、技术、建构）中的"人"和"建构"两个关键因素，以及由于三要素之间的"融合迭代"关系而产生的"生态体系"。富士通既没有"人"（自己公司的人/工程师或生态体系中其他软件公司的人/工程师）熟悉精通产业界业务（即"建构"），也没有"人"作为生态体系中的对接公司为富士通计算机提供相应的产业界应用软件系统，如银行应用系统。但IBM依据PIS三要素搭建了生态体系，有相当多的关联软件公司为IBM计算机提供相应的产业界应用软件系统。因此，有硬件优势的富士通计算机反而被IBM打败了。

丹娜·左哈尔教授的"量子管理理论"基于量子科学理论的理念提出，世界本质上是由能量组成的，而能量的最小、不可分割的单位是量子，量子之间具有"量子纠缠"的特性。量子管理的精髓在于管理者能够通过创新管理体系来充分发挥企业中每个人的自主性和自适应性，从而使企业产生自组织性，使得企业中个体之间、个体与企业之间、企业与环境之间的关系能够达到"融合迭代"的动态平衡，以适应新环境及发展的需要。所以从"量子管理理论"的角度来看，PIS三要素及其动态"融合迭代"关系可以被理解为"量子生态体系"。

因此，从管理信息系统这一学科和管理学基本原理的初心来说，数字经济、元宇宙、AI科技和企业数智化，都不能只考虑硬科技方面（尽管硬科技也重要），还必须考虑PIS三要素中的"人"和"建构"两个关键因素，及其与"技术"因素"融合迭代"的关系。特别是从量子管理理论出发，对元宇宙、AI科技和企业数智化的认知体系和设计系统中一定要加入人性/人心的要素。

数字技术不仅赋能员工，还给了机器人一定的自主权。但机器人内心是真心对人类好，还是像全球首位机器人公民"索菲亚"在被惹怒时所说的将会毁灭人类？由此，如果我们将"人性/人心"的要素加入到我们对元宇宙、AI科技和企业数智化的认知体系中，所设计出来的机器人及其AI系统就可能对人类真心友好，更加真心做好服务工作，否则后果将不堪设想。

我们在讨论元宇宙、AI科技、企业数智化时，必须认识到人与机器人的区别关键之一就是人性，这与中国"以人为本"的文化及管理思想是一致的，也是符合量子管理理论的。现在管理学界有些学者，以及元宇宙、AI科技公司，还没有充分认识到这个问题的重要性，也没有给出合适的解决方案。这可能正是重视人性的中国传统管理思想为世界管理思想做出更大贡献的契机。

风险社会与企业韧性成长：问题与关键

乐国林
中国管理模式 50 人 + 论坛 2022 年度轮值主席
青岛理工大学图书馆馆长、教授

这里要澄清一个概念：风险社会不等于社会风险，风险社会是对社会形态发展的整体结构特征的表述。社会风险是社会生活中存在的具体风险如社会稳定风险、舆情风险、突发事件风险、失窃失盗风险等的总称。

风险社会最初是社会学概念，后来随着时代发展，风险社会逐渐被管理学界乃至企业界接受。风险社会是现代性的变异产物，是工业现代化对现代社会的自我侵蚀产生的异化。也就是说，现代化本身会对现代性进行反作用，这个反作用会产生异化等风险，所以风险社会是现代性自反的产物，社会风险只是其中的一种表现形式。

当前人类正在创造越来越多的现代性技术设备和装置，比如我们已经了解到的核武器、克隆技术、基因编辑技术、病毒实验等，这些技术设备和装置会给人类社会本身带来系统性风险，企业作为社会整体系统的一部分，必然面临风险社会的考验。

那么，风险社会对企业成长环境有什么影响？

风险社会对企业成长环境的形塑

实际上，风险社会的产生与人类欲求的不克制，进而使得社会现代性风险加剧有关系。这种欲求和私益不断膨胀，会导致社会问题层出不穷，由此使社会系统产生脆性断裂，造成更多的复合型危机。这种复合型危机会酿成很多重大公共危机事件。

复合型危机改变了地区乃至全球，包括生存方式、交往方式、工作方式、需求结构、资源结构、资本结构、供应链生态等，因此，导致企业成长的内外环境被强力和急剧限缩。比如，资源供给变得不灵敏了，生产效率不能保证了，人员能效下降，经营绩效下降，资金链变得更加紧张。

企业如果要在这种环境下生存，就需要有一定的韧性，由此引出了风险社会与企业韧性成长的问题。

风险社会和企业韧性成长问题

企业韧性是一个被大众逐渐认知的重要概念。企业的韧性，实际上是企业面对不确定环境时的抗风险能力，主要包括从逆境中复原的能力和创造新的机会两个方面。从逆境中复原是一种从风险中恢复的能力，创造新的机会是对未来的一种安排。进一步来探讨，企业成长的韧性就是在面对风险危机时，企业启动"有效响应"机制，能够在风险社会中积极地调整，从而迅速复原并创造持续发展的机会。

所以，一般来说韧性成长包括两个维度：企业与现实之间关系的重建，以及面向未来的增长。

全球性的社会风险会带来重大事件，重大事件会侵蚀企业经营管理系统，由此，企业和个体需要有韧性发展的能力、韧性应对的能力。韧性应对的能力会决定风险社会中企业成长的状态，笔者总结为四种状态：韧性危存态、韧性保存态、韧性增长态和韧性活力态。

在风险社会中，企业韧性成长面临的问题会有很多，其中的核心问题表现为四个方面：增长能力与机会的急速衰减；财务资源的快速损耗与不可持续；人员组织缺损与应激效能不足；资源和供应链生态紊乱与破坏。

跨越风险社会变局的企业韧性生存与发展案例

在风险社会中，企业如何应对变局？我们在此列举两个典型的跨越风险社会的公司案例：一个是中国的利群集团，另一个是德国的花卉种子企业班纳利（Benary）。这两个企业都经历了战争、社会变革、治理体制变革、市场竞争等风险的洗礼，至今能韧性成长，并且在各自的行业里处于领先地位。

利群集团起源于20世纪30年代青岛的德源泰、福兴祥等商号，它是一家中国的老字号企业。

班纳利是一家于1843年创立于德国图林根州的花卉种子企

业,是欧洲最古老的园艺企业之一。在成功创业后,班纳利的花卉得到了当时德国皇室以及俄国皇室的青睐,其花卉种子还曾登上泰坦尼克号。

利群集团在发展过程中面临了一系列风险社会情境,它经历了日本侵华战争、外资企业带来的冲击以及新冠疫情等突发事件的冲击,在这些环境中,利群集团韧性发力,保持了比较稳健的发展状态。

利群集团的经验是:第一,有坚定的信念和有实干担当的领导人。第二,坚持的企业文化是"用心去做",满足顾客的需求,以赢得顾客。第三,在财务与供应商筛选方面始终精打细算。第四,习惯于"改变",化危为机。

班纳利经历了两次世界大战、德国从分裂到统一,以及历次经济危机。在第二次世界大战结束后,班纳利的再创业者骑着一辆自行车在欧洲各国穿梭,经营花卉业务,使企业在二战废墟上重生、成长,在全世界很多地方都打开了市场。

班纳利的经验是:第一,永不放弃的企业家精神。第二,面对过去"燃烧"自己,创造"多样性"的文化。第三,专业与传承——专注主业赢得美名。

企业韧性成长的关键

面对风险社会带来的断裂、动荡和高不确定性的外部环境,企业韧性成长的关键在于,坚信永不言败的企业家精神;在危机时刻以企业文化的软实力提升凝聚力。企业在平日里重视文化建设,成功塑造文化软实力,在关键时刻,文化软实力就能够发挥"定海神针"的作用。用精细化的财务和资源形成的强运营合力,来保障企业经营的血脉不干涸。在发掘顾客需求时,归核⊖与拓新不可偏废。重视供应链上下游企业互助、抱团韧性共生以获得外界赋能,从而为自身的韧性成长创造有利的外部环境。

面对不断变化的世界,即使是在至暗时刻,高瞻远瞩的公司也一定是坚持价值观与使命不变,同时塑造驾驭不连贯与变化的能力。唯此,才能够在大变局中韧性成长,基业长青!

⊖ 归核指的是,多元化经营的企业将其业务集中到其资源和能力具有竞争优势的领域。

中国企业家的良知即创造

吕力
中国管理模式 50 人 + 论坛 2023 年度轮值主席
扬州大学教授

中国共产党第二十次全国代表大会明确提出，我国要以中国式现代化全面推进中华民族伟大复兴。

结合近年来出现的"阳明热"，阳明心学作为中国优秀传统文化重要的组成部分，怎样与中国企业的发展结合起来，怎样与中国商业的现代化道路结合起来？

什么是中国企业家的良知？我认为，对于中国企业家而言，创造即良知。

良知是"体"，创造是"用"

熊彼特和德鲁克将企业家视为创造的主体，他们认为，企业的创造主要来自企业家精神。阳明心学以良知为"内圣",认为良知是"体",创造是"用"。良知必有所发用,这样才能明体达用。

现在的"阳明热",主要热在"良知"这个"体"上。然而,对于中国企业家而言,还要进一步讲良知的发用,将它用到创造上。王阳明说,"良知……须在事上磨",企业家自始至终的"事"不是别的,就是创造。为此,中国企业家只有在创造上磨炼,方能立得住。

创造即真知,创造的过程就是知行合一的过程

王阳明强调"知行合一"。"真知即所以为行,不行不足谓之知",意思是说"真知"必能行,"知"不是写在纸面上的东西。对于商业和管理来说,只有创造才能贯穿"知"和"行"——这就是王阳明所说的"知行合一"。

王阳明为什么要讲知行合一?我认为,意在告诉我们,如果不去"行",得到的就不是"真知",就不是真的"知"。对于企业家来说,一定要投入到创造价值的行动中去,才能说真正地体认良知——这就是说,企业家只有在创造商业价值、创造社会价值的过程中才是知行合一、体认良知。

孔子说:吾有知乎哉?这个问题既是孔子的自问,也是他对所有人的发问。这个问题也提给我们的企业家。这个问题该怎么回答?只有通过创造才能回答。

知是行之始,行是知之成。有了"真知"才会有"成",或者说"真知"就是"成"——这里的"知"和"成"指的都是创造。

我们的良知不能停留在意识里,不仅要"知道",还要"悟道",更要"证道""证得"。企业家要通过创造价值"证得"良知——为

消费者、为企业员工、为国家、为社会乃至为全人类创造价值。将阳明心学落实到企业创造的实践中，方为真知真理。

创造方能致知，穷理方能尽性

王阳明在晚年明确提出，"致吾心之良知者，致知也"。良知怎么致？王阳明说："吾良知之所知者无有亏缺障蔽，而得以极其至矣。"以"至"训"致"，这里的"至"是"至乎极"之意，"至"字既作为名词，有极点、终极之意，又作为动词，有向极点运动之意。"致良知"就是使良知致其极，"充拓"至其极，即扩充良知本体至其全体呈露、充塞流行，"无有亏缺障蔽"。

一方面，良知本体的至善性、绝对性和普遍性为人们的道德践行和成圣成贤的追求提供了内在根据与根本保证。"人胸中各有个圣人""人皆可以为尧舜"的道德洞见，能有效促使道德主体挺立，激发道德理想追求。另一方面，我们要对良知本体在现实环境中作用流行的相对性、具体性以及致良知过程的无限性保持清醒的认识，以防道德主体的自我膨胀、猖狂及虚无。正因如此，王阳明才谆谆告诫要"实实落落依着他做去"，勿"把作一种光景玩弄"。

这个"致"到极处，用张载的话来概括就是："为天地立心，为生民立命，为往圣继绝学，为万世开太平。"我们可以这样来理解，"为天地立心"是道德创造。"为生民立命"是物质创造、商业创造。"为往圣继绝学"是道德创造。"为万世开太平"是物质创造、商业创造。

《中庸》里说，"天命之谓性，率性之谓道"。意思是说，上天赋予人的叫"性"，"性"和"命"是我们的本分，良知是我们的本分。然而，一般人有气质之偏，常常不能尽其性。怎样才能尽性，尽到我们的本分呢？

从致良知的角度而言，企业家只有穷创造之理，方能尽人之性，从而穷理尽性以至于命。

总之，创造既是中国企业家的良知，也是上天赋予企业家的使命，这就是天命。人继天命而成人性，这就是尽性——用通俗的话来讲，创造是中国企业家的本分。

良知驱动，创新成长

刘磅
中国管理模式 50 人 + 论坛 2023 年度轮值企业家召集人
深圳达实智能股份有限公司创始人兼董事长

人生成长的感悟：创业的本质首先是修炼自己的心灵

2018 年年底，国际国内经济形势错综复杂，我自己面对企业成长的瓶颈也心生退意。一起创业的老伙伴眼神疲惫，小伙伴眼神飘忽不定。在我想要寻找方法教年轻人做人的道理时，我恰好遇到了圣贤思想——阳明心学。在一次深度的反躬自省中，我发现自己才是企业成长的天花板，我需要学而为人。

王阳明说"圣人之道，吾性自足"，我坚信人人心中拥有无尽宝藏，我也拥有无尽的能量和智慧可以把公司经营得更好；我也坚信"行为作用与反作用的人生真理"，付出一定会有回报，我能持之以恒地把公司经营得更好。

深圳达实智能股份有限公司创始人兼董事长刘磅

经过历史沉淀的圣贤经典，无不在以不同视角揭示人生成长的天理大道：心是道的源泉，道是德的根本，德是事的根源，唯有厚德才能载物（事）。只要我们持续明心、净心，就可以提升自己的心灵品质，发掘心中无尽的宝藏。如此，道的提升就会让我们事半功倍，拥有更高的格局和境界；德的提升也会让我们水到渠成，拥有更大的能量和智慧；事的提升就会让我们心想事成，拥有真正成功的人生。人生成长的规律就是"心、道、德、事"四部曲。

然而，大部分人的人生之路是按"事—德—道—心"行进的，所谓"天下熙熙，皆为利来；天下攘攘，皆为利往"。追名逐利这条道路看似平坦，实则拥挤不堪，路阻且长，越往后走越艰辛！这条道路看似简单直接，实际往往事倍功半，难有长远发展、大成就。

我认为正确的人生道路应该是"心、道、德、事"四部曲，我们可以超越事、德乃至道，直接在心上下功夫。只要我们能在心上用功，敢于垂直攀登（见图P6-1），用心去成就客户、成就伙伴、成就他人，最后就能成事。选择这样的成功之路不但不拥挤，还能事半功倍。

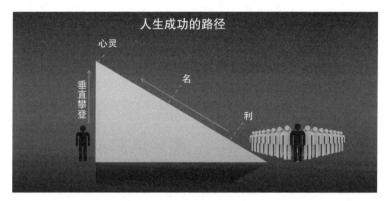

图P6-1　人生成功的路径

我认为：创业的本质首先是修炼自己的心灵，其次是成就伙伴和客户，顺带展示自己的才华，自然而然就能养家糊口。

企业成长的感悟：物联网技术的本质是唤醒万物

人生成长可以总结为"心、道、德、事"四部曲，企业成长的四部曲就对应总结为"使命—哲学—战略—机制"，这与西方流行的IBM公司业务领导力模型（领导力—价值观—战略制定—战略执行）相吻合。

达实智能如何寻找自己的企业使命

我们先从物联网技术的本质说起。很多人认为物联网技术是连接万物的，是控制万物的，是改变万物的。而我们坚信中华文化所揭示的"天地万物为一体"的理念,从某种意义上说,我们相信建筑空间是有生命的,我们认为物联网技术的本质是唤醒万物!

由此我们找到了达实智能的企业使命:万物智联,心心相通。我们要为人们营造更智慧、更低碳、更温暖的工作和生活空间。我们希望唤醒万物,与人类相连,互相砥砺,共同成长。到2030年前,达实的企业愿景是:智慧百万空间,温暖亿万用户。

达实智能企业哲学的核心价值观

在创立达实智能最初的五年,我们心中所想的就是老实、诚实地创造物质财富,改变自己的生活状态。五年后,我们把"达实"二字的释义加以升级,"达则兼善天下"来源于《孟子》,"实则恒心如一"提炼自《菜根谭》。

2018年底我们通过学习优秀传统文化,进一步明确了公司的核心价值观:"达则兼善天下",即不仅创造价值与他人分享,更要成就他人的成功与幸福;"实则恒心如一",即不仅要艰苦奋斗,更要将用户装在心里,永远依道而行!(见图P6-2。)

图 P6-2 达实智能核心价值观的演进

由此，我们进入新的发展时期，我们与员工、客户和投资者形成了命运共同体，而不仅仅是简单的利益共同体。

达实智能发展的第一阶段靠体力驱动，哪里有机会就往哪里跑；第二阶段靠脑力驱动，学习西方的管理知识以发展公司；第三阶段靠心力驱动，我们系统地学习中华传统文化，学习做人的道理，内心生发出了无限力量。

达实智能面向 2030 年的企业战略

通过对行业和公司发展历程的回顾，以及对未来趋势的判断，我们明确了公司面向 2030 年的战略意图。

战略定位：力争成为全球领先的智慧空间服务商，基于智能物联网平台，聚合模块化的空间场景应用，为用户提供全生命周期的智慧服务。

战略构想：规划三条业务发展曲线（见图 P6-3），使其分别在不同时期为公司提供增长动能，保障公司可持续发展。这三条业务发展曲线分别为服务于当前行业的解决方案生命线，基于核心产品的创新解决方案突围线，以及基于 SaaS 的运营服务新生线，由此实现达实智能的高质量发展。

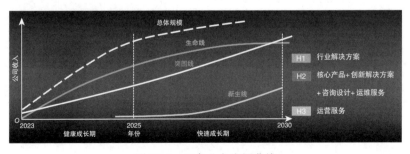

图 P6-3　三条业务发展曲线

达实智能的成长机制保障

管理机制：DSTE（Develop Strategy to Execute）战略管理机制，让战略变革成为日常的工作。LTC（Lead to Cash）营销管理机制，使我们更好地服务客户。IPD（Integrated Product Development）产品研发机制，在细分领域搭建提供创新解决方案的训练有素的协同作战团队。PM数字化保障机制，支撑企业的项目数字化管理。

学习成长机制：我们不仅要加强专业技术和管理知识的学习，同时也要加强中华传统文化的学习，随时反省，及时引导自己的起心动念，将客户装在心里，并且搭建起员工和他人的人生成长舞台，帮助大家去除错知错见，从而帮助和助益更多人，一步一步让企业文化的软实力变成竞争的硬实力。

达实智能上市十多年来，我对企业成长的感悟总结为：达实的过去，源于我们对市场的坚守；达实的未来，源于我们对客户的热爱。

达实智能大厦运行4年的感悟：成为中国超高层建筑绿色智慧、温暖光明的标志

达实智能服务于各种工作和生活空间，从一个小生命来到人世的手术室空间，到居住的社区空间，到出行的地铁空间，到读书的教室空间，再到工作的办公空间和企业园区空间。下面我以达实智能大厦（见图P6-4）为例对达实智能服务的智慧办公空间进行说明。

总论6 良知驱动，创新成长 　29

图 P6-4　达实智能大厦

2015 年达实智能大厦开始动工，当时想要打造中国超高层建筑绿色智慧的标志；2019 年启用时，我们感到这座大厦缺少一点温度，于是应用物联网技术将它迭代升级。到 2023 年，达实智能大厦已成为中国超高层建筑绿色智慧、温暖光明的标志。

到 2023 年，达实智能大厦至今已投入运营 4 年，从投运开始我们就不断反思和总结经验教训，并对大厦的智能化系统进行改造，AIoT 智能物联网管控平台（见图 P6-5）持续迭代升级，对此我们有如下感悟。

图 P6-5 达实智能 AIoT 智能物联网管控平台

感悟一：以终为始倒推设计，让建筑既绿色智慧，又温暖光明

设计一座大厦，一般是先做建筑设计，再做暖通及强电设计，最后做智能化设计。但我们认为应该倒过来，以终为始：首先，分析建筑的目标人群需求，定义活动空间的细分场景、用户界面。接着，定义物业管理公司及行政部门的计算机界面、整个大厦对外展示的综合运营大屏界面，把客户的需求梳理清楚，加以应用仿真，让智能化设计满足不同空间场景和目标人群的使用需求，让暖通设计满足不同区域和时段的使用需求。最后，为建筑设计提供翔实的、可量化的客户需求分析。这个过程就是软件定义建筑。

为此，达实智能设立了咨询设计研究院，帮助用户明确需求，完成设计前期的各项工作。

感悟二：产品设计不仅要注重有形价值，更应发掘无形价值

我们感悟到，一个产品的价值不仅包含有形价值，也包含无形价值，分别对应物质需求与精神需求。

为此，达实智能自主研发了空间场景控制系统。门禁屏既可以

用来刷脸开门，也可以用来控制一个空间中的空调、灯光、窗帘等设备，同时还可以作为信息发布屏，通过手机直接在屏幕上推送信息。三屏合一的创新，把一个传统的门禁屏升级成了人与空间交互的窗口，使其变成了空间交互屏。

其背后的逻辑是，传统的门禁功能属于有形的价值，大多数是为了抑制小我，比如控制坏人不要进来。在此基础上，我们追求无形的价值，激扬大我，比如我们每天在达实智能大厦通过各个屏幕推送一条圣贤语录，在无形中营造文化氛围。而当我们在屏幕打上欢迎词的时候，又为进入我们大厦的客人送上一份温暖。

感悟三：敢于选择艰难而正确的事

过去达实智能在给客户建设办公大厦时，服务对象多为客户的基建办，按时按质按量交付即可。现在我们还关心企业的问题，帮助客户通过大楼的设计建设，展现企业形象和品牌，以辅助拓展市场。此外，我们同样关心大厦内的办公人员，让他们的办公空间能够更加温暖光明，让工作体验更加美好。由于服务对象不同，使用需求不同，多数大厦往往刚开始投用就面临功能变更和升级改造。此外，系统维护也是难题，传统智能化由20多个子系统集成，升级改造和故障维护需要多家公司参与，非常烦琐。达实智能大厦将传统智能化系统改造为现在的空间场景控制系统后，维护难度和维护费用都大幅降低。

为此，达实智能设立了智能化运维服务中心，敢于选择用户有需求，但是同行不愿意干，而我们有能力做好的事情。

用一句话总结我们的发展：只有良知驱动，才能创新成长，实现高质量发展。

总论 7

2022中国管理模式50人+论坛洞察报告：
价值共生 韧性成长

中国管理模式50人+论坛

经过C50+成员的严格筛选，我们到14家优秀的中国企业进行了调研，这些企业分布在上海、江苏、广东、山东、云南、重庆等地区，行业包括酒店、汽车、IT、化工、物流、零售等。

在调研这些企业的时候，我们不断问对方两个问题：如何在寒冬中逆境求生活下去？如何在大风中逆风飞翔有增长？我们得到的答案既回应了2022年的论坛主题"价值共生 韧性成长"，也进一步拓展了我们对韧性成长的认知。

根据物理学的定义，韧性指的是材料在塑性变形和破裂过程中吸收能量的能力。在《反脆弱》一书中，塔勒布指出，相对脆弱性而言，反脆弱性是在不利因素和冲击面前反而变得更加强大的特性能力。由此，我们认为在当前复杂多变的环境下，组织韧性不仅包括承受外部冲击的"经受力"和从冲击中复原的"恢复力",还包括从冲击中反超改进的"反脆弱力"。韧性是组织在面对不可抗力事件时渡过难关、持续成长所不可或缺的特性。

那么企业如何做到韧性成长呢?受访企业给了我们丰富的答案,我们将其总结为四点,分别是:冗余设计、生态协同、业务重塑、数智赋能。

冗余设计

"冗余设计"这一概念来自工程学,是指在系统或者设备完成任务关键作用的部分增加一套以上完成相关任务功能的通道、工作元件或部件,从而保障在该部分出现故障的时候,系统或者设备仍能正常工作,降低系统或者设备的故障概率,提高可靠性。在这里我们强调企业应通过冗余设计来储备资源,以备不时之需。

在应对突发事件的时候,企业是否储备了冗余资源,很大程度上决定了企业是不是能够活下去。冗余设计实际上是一种未雨绸缪、主动刻意的战略部署,是忧患意识的落地行动,是企业韧性的根本保障。

在走访的企业中,利群集团的稳健创新得益于其持续的资源储备,这使其对面临的风险有预期,而且使风险可控。中垦牧乳业长期深耕区域市场,储备的创新产品种类多达百余个。邦德激光因其海外服务人员的储备,成功解决了疫情期间海外客户的服务需求得不到及时反馈的问题。

生态协同

生态协同是指与生态伙伴协同，相互建立起价值共通的理念与合作共赢的思维。在今天，企业间的竞争是企业生态之间的竞争，生态协同是"大组织"韧性的重要来源。换句话说，组织的能力建设已经从平面、单维的向立体、多维的进化。因此，企业要发展广泛的资源渠道和网络关系，与企业的核心利益相关方建立良好的可持续合作关系，以此来应对逆境。这些资源渠道和网络关系都构成了企业对抗逆境冲击的关键能力要素。

我们走访的企业也都分享了自身与各利益相关方共进退的故事，比如坚持打造自身与各利益相关方之间的亲人关系、共赢关系、朋友关系、同学关系并长期经营。作为外企的代表，施耐德也在中国打造了产业链生态圈、业务生态圈、人才生态圈，并与产业链生态圈中的大小企业形成了多样化的合作模式。

协鑫集团更是在行业整体下行的时候，免除了下游企业数亿美元的赔偿款。友达苏州同样坚持践行共创共好的可持续发展理念，长期推行企业与员工、企业与企业、企业与社会的价值共生。

业务重塑

业务重塑指的是，企业通过业务的敏捷变化来应对外部的冲击，从而在逆境中存活，甚至逆势成长。管理学研究指出，最高层次的组织韧性可以定义为能够围绕客户需求，整合内部和外部的资源，并能够提出解决方案，甚至能够根据客户的需求重新进行自我定义，而非简单的重塑产品和服务。我们认为，最高层次的韧性可以解读为企业的业务韧性，这是衡量企业运营能力的重要指标。判断企业业务韧性能力，评估的是企业在面临重大不确定性或者在危机期间是否能够快速应变，保证关键业务的稳定性和连续性，同时能够快速响应市场需求，通过业务的快速迭代升级，开辟新的业务增长点，为企业未来奠定基础。

面对 2022 年的疫情冲击，伽蓝就是通过一盘货、一件代发等创新的业务模式实现了对库存的灵活调配，解决了可能危害生态安全发展的供应链中断等问题，并实现了销售增长和盈利能力的提升。

金陵饭店则通过加大定制化产品和预制菜的研发投入，通过线上销售、组织外卖、直播带货等方式增加了酒店的效益和员工的收益。

数智赋能

第四个是数智赋能。业务的变革和重塑需要技术的支撑，而技术的突破和创新反过来引领了业务的变革和重塑。近年来的调研显示，数字化转型可谓是企业经营管理的重头戏，数字化对组织韧性形成的作用机制主要体现于连接、聚合和筛选三个方面。其背后蕴含的是数智赋能背景下组织核心要素的重塑，在困境中组织的能力升级体现了"数字孪生"的逻辑。企业将数字化视为组织能力升级的跳板，在有限的时间内使组织能力实现由低阶到高阶的跃迁，从而把危机转化为企业能力提升的良机。

我们走访的企业中，友达苏州不仅通过自身的数字化转型实现生产效率提升 30%，单位能耗降低 50%，还通过对外输出数字化转型经验，开拓出第二增长曲线。山东明泉化工等都通过数智技术找到了各具特色和场景化的数智化解决方案。

我们将本年度的洞察结果总结为韧性成长模型（见图P7-1），即企业如何在逆境中求生，活下去，以及如何在逆风中飞翔，求得新增长。

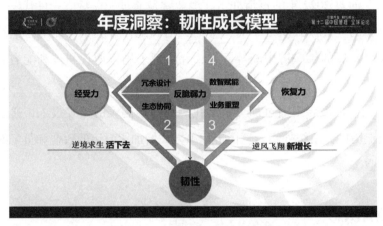

图P7-1　年度洞察：韧性成长模型

企业的韧性包括三大内涵，或者说应具备三种能力，分别是承受外部冲击的经受力，从外部冲击中恢复正常的恢复力，以及在外部冲击中改进反超的反脆弱力。通过不断修炼并提升这三种能力，才能成长为有韧性的企业。

如何具备这三种能力呢？企业可以从自身的冗余设计开始，进而走向生态协同，并敢于通过业务的重塑来重新定义自己，与此同时拥抱数智技术，通过数智技术来赋能组织的持续成长。

第一章

左右家私
从制造家具到打造一种生活方式

| 企业速写 |

深圳市左右家私有限公司（以下简称"左右家私"）创立于1986年，从创始人黄华坤白手起家创立的一家名不见经传的小作坊，到如今成为中国中高端家具领航者、中国客厅文化引领企业，左右家私秉承"以工匠精神缔造绿色优品"的信念，一直致力于国内外家具文化与技艺的融汇与创新，不仅为全球消费者提供设计时尚、做工精细、选料考究、品质精良的沙发等高品质产品，还为国内外客户量身定制符合个性化的全屋空间一体化解决方案。

左右家私立足自主创新，以发展自主品牌为己任，在国内五大产业园强势布局，构建起一条集研发、设计、生产、销售于一体的完整产业链。左右家私在终端已拥有数千家门店，实现了国内市场广度和深度覆盖。

左右家私严格按照国际质量标准对系列产品实施品质管理，以"绿色、环保、舒适"著称，已通过多个国家级专业认证，包括

ISO9001质量管理体系、中国质量环保产品认证、中国环境标志产品认证等。

由左右家私引领的"绿色优品"系列产品质量更是远高于国家标准，带领全行业为中国消费者提供更优质的家具产品。

左右家私于2007年被列入深圳市政府直通车企业名单，曾荣获"深圳市民营领军骨干企业""深圳老字号""深圳知名品牌"、广东省著名商标、中国名牌、中国驰名商标、香港家私协会"十强企业""中国十大家具品牌"、中国轻工业软体家具行业十强企业"消费者最喜爱家居品牌""产品质量免检"等多项荣誉称号及证书，产品多次荣获金奖。

公司成立三十多年来，始终坚守初心，以"幸福不远，就在左右"的幸福家居文化为用户打造有品质、环保、高颜值的家居产品，也为千千万万幸福家庭和公司员工打造幸福美好的生活。

左右家私意取自中国古代哲学思想精髓"中庸之道"，一左一右，不偏不倚。中正才能长远。三十多年来，在两次全球金融危机和刚刚过去的新冠疫情中，左右家私都能审时度势，逆势增长，在疫情期间全行业有所衰退的情况下，左右家私仍然保持了较好的增长，成为中国企业韧性成长的典范。

| 企业案例 |

成立三十多年，左右家私从未开除过一名员工，包括三年疫情期间，既不裁员，也不降薪。历经数次全球危机，左右家私每次都能披荆斩棘、浴火重生。这是左右家私中庸之道传统思想哲学与幸福工程企业文化的胜利，也是左右家私奉行"长期共生文化"与"与时俱进、知行合一文化"的成果。

建立百年企业，是一项长期工程，在过去的三十多年中，左右家私已经渡过了数个难关。在数字经济时代，智能化、数字化的转型升级势在必行，左右家私在近几年大力投入，持续推动企业智能化、数字化。通过使用数字技术实现升级，左右家私为消费者带来万物互联、便捷舒适的家居生活。

左右家私的"中庸之道"

左右家私的创始人黄华坤于1984年来到深圳，从一家港资家具厂的学徒工做起，后自主创业并创建品牌——左右家私，用三十多年的时间黄华坤将其打造为国内中高端家具制造领航者，产品远销海内外数十个国家和地区。

黄华坤非常重视品牌建设，曾多次表示，品牌是一把手工程，对于企业来讲，品牌无小事，企业最高负责人必须高度重视品牌建设，亲自谋划、亲自部署、亲自参与。他曾说道："我为品牌命名'左右'，其意取自中国古代哲学思想的精髓'中庸之道'，一左一右，不偏不倚。"

"左右家私"以中国古代的哲学思想起名，用现代的几何概念作为图形设计表象，其商标具有深刻的内涵：上、中、下三个圆点，分别代表着天、地、人的宇宙万物概念，一左一右两个括号，寓意处于宇宙万物之中应使用不偏不倚的中庸之道，有融汇古今中外的气魄与胸怀。

作为儒家文化做人处事、治国施政的最高道德标准和思想原则，中庸之道影响了中国两千多年，其精髓是不偏不倚，它的主张是持中贵和。

就企业来说，一个企业从创业走到创新发展，其各方面、各环节的决策和行动都可能出现"过"与"不及"的问题，因而都需要运用"执两用中"之类的中庸方法论，以尽可能确保企业的各项工作处于当下所需要的合理、适中、稳定、均衡的状态，确保全体员工的思想言行合乎职业伦理规范和社会伦理要求。因此，学习和把握儒家中庸思想的经典论述，并将其创造性地运用于企业发展的实际活动中，显然是十分必要的。

坚持创造性转化和创新性发展的立场和态度，联系企业实际继承和发扬中庸之道的合理思想，对于企业辩证处理好各种矛盾和冲突、实现稳定可持续的发展，有着重要的方法论意义。

左右家私以"中庸之道"的传统思想哲学为理念来组织企业的经营管理，缔造企业文化，启动幸福工程，提出"幸福不远 就在左右"的品牌口号，不仅为人们创造最高品质的皮沙发，还为消费者打造高品质的幸福家居生活。

品牌建设是一项长期、复杂的工程，需要持续的"灌溉"和维护。积极履行社会责任、积极拥抱时代是实现品牌可持续发展的两个重要着力点。

三十多年来，左右家私顺天命，行天道，不消沉，不冒进，稳扎稳打，步步为营，一步一个脚印，从沙发建厂的第一天起，左右家私的学习就不是简单的模仿，而是选择性的学习、批判性的学习和创造性的学习。择其善者而从之，其不善者而改之。在学习中融入自己的文化理念和健康元素，左右家私从一个小作坊做起，踏踏实实，成了行业内外均认可的家居著名品牌，并最终在国内乃至世界家居市场拥有了一席之地。

这种中庸精神，堪称业内品牌塑造和中国传统管理哲学应用的经典范例。

历次化危为机的逆势成长

翻开中外优秀企业的发展史，我们常常可以看到那些优秀企业家在面对危机时，能够不拘常规、通权达变，因时、因人、因地、因事而制宜，带领企业转危为安，化危机为机遇，从而炼就百年老店、世界名企。

翻开左右家私的发展史，我们会发现这家企业几次明显的转型与变革都与全球大的危机有关。

在数次席卷全球的危机中，商海浮沉，多少大型企业、世界名企一蹶不振，而左右家私似乎总能绝处逢生，转危为机。

1997年亚洲金融危机

1997年的亚洲金融危机，虽以亚洲命名，但却是一次世界性的金融风暴。这场风暴波及马来西亚、新加坡、日本、韩国、中国等地。其中，泰国、印度尼西亚、韩国等国的货币大幅贬值，同时造成亚洲大部分主要股市的大幅下跌，冲击亚洲各国外贸企业，造成亚洲许多大型企业倒闭，工人失业。

成立10年的左右家私出口受到明显影响，以往送到海口港口的沙发每个月有4车，亚洲金融风暴期间降到了一个月只有2车，数量减半。当时，在中国出口贸易中，沙发还是比较稀缺的品类，相关生产企业比较少。于是左右家私主动出击拓展新的渠道，积极参加广交会。

那是左右家私第一次参加广交会家具展览会专业展，在展览会上，公司的高管和员工主动拓展了很多新的渠道，结识了新的客户，获得了新的订单。所以，虽然处在金融危机期间，左右家私的市场规模却扩大了，销量在短暂下降后迅速回升。左右家私继续高速增长。

随后的 1999 年，董事长黄华坤从麦当劳、肯德基等连锁特许经营中找到灵感，认为如果想让自己的产品和企业未来有更好的品牌影响力，那么他也要有自己的专卖店。于是，在 2000 年，左右沙发专卖店，也是国内沙发行业的第一个专卖店开业了。

2008 年全球金融危机

2007 年，左右家私前瞻性地聘请了营销顾问公司，从产品的设计端提升到文化理念的植入，提出了生活方式是打造客厅文化的理念，把整个产品系列分成 12 种生活模式，有品位之家、运动之家、创意之家等。

在很多人都还没有居家办公的概念时，左右家私的产品规划中就已经有居家办公模式、舒服办公系列产品了。这种提法在当时非常先进，极具前瞻性与超前思维。与此同时，左右家私的品牌理念升级，它不再卖产品的材质或者设计的款式，而是要打造一个有主题的客厅文化，这样它带给消费者的不仅仅是一套产品，还是一种生活方式，这在当时也是非常领先的。

2007 年开始的美国次贷危机，到 2008 年演化成了一场全球性的金融危机。这给当时已深度参与国际经济的中国带来了前所未有的困难和挑战。出口大幅下滑，经济增速放缓，很多企业主动减产或者直接停工。

但那时候，有了底气的左右家私却反其道而行之，扩大了几万平方米的生产厂房。生产规模扩大以后，业务也要跟上，于是左右家私聘请了职业经理人和正规的营销团队，从产品到文化进行了质的提升，立志打造中国客厅文化第一品牌，旗下专卖店整体升级。

2020年全球新冠疫情

2018年，经过多年的蓬勃发展，左右家私并未就此止步，而是把整个营销端按照不同的市场定位进行进一步细分，比如有整体打造的设计之家，有新中式系列、德式系列、意式系列等；组建不同的事业部，通过在营销端口进行更加专业的分工来拓展不同渠道的市场；在市场的布局上，进行更深入的渠道深耕。从产品品类的细分，到市场的细分，左右家私不断扩大市场份额，最终实现销量的持续增长。

在随后的2020年，全球新冠疫情暴发，很多企业都被迫按下了暂停键。面对突如其来的危机，左右家私率先向灾区捐款100万元，同时迅速调整经销商政策，给全国所有经销商的产品9折优惠，让利10个点，连续3个月，帮经销商渡过这个难关，仅这项支出就消耗掉左右家私几亿元。疫情期间，左右家私的经销商没有为此关店的，而其他品牌的经销商由于没有得到品牌的支持，有些就挺不过去，最终关门倒闭。

对于左右家私在困难时刻的雪中送炭，经销商们很快就给了回馈。2020年下半年，左右家私很快迎来了增长。正是凭借长期以来打下的坚实基础，到2021年，左右家私创造了年增长40%的奇迹。到了2022年上半年，在反反复复的疫情影响下，左右家私仍然在平稳地发展，虽然没有像2021年那样增长得那么多，但依然维持着增长。

疫情对社会方方面面的影响都很大，改变了很多人的生活观念，长期居家让消费者更加注重产品的品质、舒适度和性价比，以及对环保、绿色、低碳的要求。对此，左右家私早在几年前就打下了基础，符合多项环保指标的绿色优品沙发刚好符合消费升级的要求，很多智能的沙发、电动的沙发有更多的舒适角度让消费者来调校，使其居家生活更加舒适，同时，通过产品创新，左右家私降低了成本，使产品在价格方面更加亲民，这些产品和措施对疫情中左右家私的逆势增长都起到了重要的作用。

左右家私在数次危机中都表现出了极强的适应性，并及时调整了战略，抓住机会转危为机，它不仅没有被大环境压倒，还每次都能绝处逢生，逆势成长，展现出了企业在成长过程中的顽强和韧性。

面对复杂多变的外部环境，韧性是组织处于逆境时渡过难关并持续成长不可或缺的特性。企业要在逆风中飞翔，求得新的增长，需要构筑自身的"韧性成长模型"。该模型不仅包含承受外部冲击的"经受力"，从冲击中复原的"恢复力"，还包括从冲击中反超改进的"反脆弱力"。

左右家私已经用实践证明了其"韧性成长"的超强能量。黄华坤认为，韧性成长就是我们要坚持长期主义，要有愿景，有目标，有未来，不能有短期主义。要坚守长期主义，舍得投入，比如对员工进行培训让其成长，给员工更多的福利让其安心工作，投入更多的技术支持产品研发。只有长期投入，未来企业才能够韧性成长。

新经济时代的价值共生

黄华坤对"价值共生"也有自己的理解："一个企业、一个组织所有的发展一定跟所有的利益相关者是有关联的，大家一起发展，才能够价值共生，大家好才是真的好，这也是我们企业文化一直强调的。大家要关注他人的成长，价值共生。"

左右家私在与各方共生、共赢方面又一次做到了典范。

与员工共生、共成长

左右家私提出，幸福是奋斗出来的，企业要与员工一起成长。左右家私自创立以来，从未开除过任何一名员工。在这里工作了10年、20年、30年的员工比比皆是，工作了10年以上的就有1000多人，20年以上的也有500～600人，还有很多人已经在企业工作30年了，甚至还有的员工一家三代都在左右家私工作。

左右家私现在有4000多名员工，不但为员工缴纳最基本的五险一金，还全都包吃包住。在保障员工福利的同时，左右家私还会为员工提供成长的空间，包括聘请外部专家、老师到公司授课，组织员工外出学习，送高管去清华大学、北京大学读书。现在左右家私自己组建了一个商学院，专门培养企业内部的管理干部，也培养经销商的一些店长、店员。

通过上述种种方式，左右家私在企业内部打造了一个非常优秀的学习型组织。在外部，左右家私被誉为中国沙发行业里的"黄埔军校"，培养了很多优秀工人、高级技师，让人才本身得到更好发展的同时，也为行业输送了优秀人才。

与合作伙伴共赢

左右家私与很多合作伙伴，比如供应商、经销商，都维持着长期的合作关系。与左右家私合作了20年、30年的合作伙伴比比皆是，双方互惠互利，共同进步。

从经销商方面看，左右家私首先考虑的是一定要让经销商有钱赚。因为对于一个企业来讲，一切以顾客为中心，经销商也是顾客。最终的消费者（C端的顾客）是经销商服务的，所以要先把经销商服务好，要让经销商先有盈利。只有经销商赚钱，才会有更多的经销商愿意加入。左右家私的经销体系主要采用加盟店模式，只要加盟商有资金开店，左右家私就会从设计、培训到选址全都带着做。这是价值共生逻辑重要的体现。

在2020年这种特殊的时期，一些经销商在资金周转上遇到了困难，左右家私主动提出用十大政策来支持经销商，包括让利、新品打折、信用支持、直播带货等。与其他品牌不同，左右家私的直播带货不是货卖了利润就到总公司，而是属地原则，客户在哪里，利润就给哪里的经销商，一切围绕着让经销商赚钱来运作。经销商帮企业卖货，在前面做服务、做销售，所以善待经销商，做出来的产品才有人帮助销售，企业才会有盈利，才会获得更多价值回报。

市场对品牌的信任和信心，是在疫情以后左右家私的专卖店还能迅速扩张的原因。只有经销商好，企业才会好，双方是共生关系。左右家私坚信这一点，所以左右家私的经销商对于企业的黏性会越来越高，双方的合作也会越来越紧密。

从供应商方面看，面对上游的材料商，左右家私会把市场最新的一些需求反馈给它们，包括客户对产品的功能、属性的要求，以及价格、流行趋势。供应商也会有针对性地为左右家私定制产品。在供应链上，供应商会给左右家私最优的保障。左右家私也会帮供应商做宣传，联合做品牌的露出，与供应商一起提升品牌影响力，甚至会用联合商标，在展会上与供应商联合做品牌发布。左右家私的有些技术来自合作伙伴提供的材料，左右家私只是做所有材料的一个合成，所以很多技术升级是要靠合作伙伴，靠供应商。因此，左右家私一定要善待材料供应商，善待上游企业。

综上，与上下游合作伙伴以价值共生的理念开展合作，就会与之形成非常稳固的良性伙伴关系。

与用户做朋友

一家企业对用户最大的贡献就是生产出优质的产品，提供优质的服务。为什么左右家私被称为沙发专家？一对兰州的老夫妇，在1992年小孩子出生时买了左右家私的沙发，如今孩子已经三十而立，那套沙发还在用。

这就是名副其实的沙发专家。当企业的产品可以与用户一起生活，一起成长，那么这样的关系就不再仅限于使用与被使用，而会形成一种情感联结，让用户通过使用产品成为企业的朋友。

为了给用户更好的产品体验，在产品创新上，左右家私一直走在行业前列。包括产品创新、整个商业空间和文化理念的植入、品牌VI、CI升级等，每三年都会有一个包装的升级。为了避免消费者视觉疲劳和审美疲劳，左右家私不断推陈出新。

另外，价格要随行就市，推出新产品不能为了标榜个性，我行我素，要把握当下的消费主流趋势并进行试销。韧性成长不是以暴增的手法或者做法去做，而是要迎合消费者，迎合市场的需求，以韧性的做法进行沉淀。

随着消费者需求的变化，左右家私的产品也在发生变化。从原来的一个单品到给顾客一个全屋解决方案，从沙发到客餐厅，再到卧室，只要顾客有需要，左右家私就能够给顾客一个完整的解决方案。

左右家私还成立了创新研究院，长期与全球优秀的设计师合作，注重中国元素与国际视野的融合，研发出符合国人新审美、新需求的爆款产品。

与竞争对手既是对手也是同学和战友

当一个行业发展到饱和阶段的时候，往往会陷入恶性竞争的深渊，企业之间进行价格战、舆论战，最后杀敌一千自损八百，既伤害了消费者，也伤害了行业。

在家具行业在一二线城市趋于饱和的时候，如何避免业内竞争，让全行业携手共同发展呢？

在担任深圳市家具行业协会会长期间，黄华坤深入思考了这一问题。

当时的"深圳制造、深圳品质"已经代表了一个较高的行业标准，但仍有许多报道说住了新房以后，很多人会得白血病，身体变差，可能因为里面有甲醛或者其他不健康的因素。

按照当时的国家标准每一种材料都是合格的，但是多种材料放在一起的时候，其挥发量就有可能会超标。

所以黄华坤就想，我们能不能提出一个更高的要求，打造一个更加健康的绿色优品的标准？

绿色优品的标准有几个重要指标：第一个是甲醛释放量小于等于 0.05 毫克每立方米；第二个是 TVOC 释放量小于等于 0.25 毫克每立方米；第三个是沙发力学性能，国标是 2 万次，绿色优品是要 6 万次，是国际的 3 倍；第四个是三年内无重大环保事故，近一年

的质量抽检中没有不合格的情况。㊀

行业内优质企业强强联手，共同打造绿色优品，为消费者带去了更加健康的家居产品，也提升了家具的行业标准，推动了整个家居行业的发展。

作为"绿色优品"标准的先行者和行业领军企业，左右家私代表着我国家具制造标准的新高度。当新技术、新模式猛烈冲击并改变着家具行业本来的面貌时，左右家私携手社会各界，以标准带动家具行业转型升级，用"以工匠精神缔造绿色优品"的理念推动国货走向世界，在时代大潮中，引领中国家具行业向着"创造美好生活"的方向发展。

幸福文化的舍得之道

左右家私的一个传统管理哲学是舍得之道，倡导付出与奉献，有舍才有得。左右家私发展的早期是带领员工求温饱的阶段，求温饱的阶段过去之后就是要让家人过上更加美好、幸福的生活。所以在 2000 年，左右家私就提出了幸福的文化，要把左右家私打造成一个幸福的企业，把员工打造成幸福的员工，让更多人过上更加幸福的生活。

2013 年左右家私正式提出幸福文化的经营理念，"幸福不远，就在左右"，并在此基础上打造品牌。多年来，"幸福不远，就在左右"的理念已经深入人心，在家具行业成为一张最成功的品牌名片。左右家私就是幸福家居的代名词。

左右家私的价值观是"自强不息，产业报国"，因为只有产业

㊀ 资料来源：http://www.clii.com.cn/zhhylm/zhyylmKeJiHuanBao/201703/t2017-0314_3905216.html。

强了,国家才能强。具体到企业内部的员工管理,就是要打造幸福企业,成就幸福员工,让更多人过上幸福的生活,这不是靠一个人就能完成的,而是要每一个员工都凝聚在一起。为员工提供足够的保障,让员工能够安心、安定地把子女教育、家庭关系都处理好,安心地上班,这样他们才会把自己的工作做精、做细。只要员工身心愉悦地投入工作,做出来的产品就一定不会差。

这也是共生,幸福才能共生。幸福文化还与社会发展的主流价值观相符,与人民群众追求美好生活的愿景一致。

左右家私一直致力于回馈社会。在社会公益方面,从2016年开始,左右家私就提出每售出一套沙发,即向百万森林计划捐种一棵树,已经连续6年,带员工、顾客和一些合作伙伴,在阿拉善种了4200亩的树林。

左右家私用了36年,在中国的沙发行业成为标杆性的企业之一,这体现了创始人黄华坤的理念和他创立的公司文化较好地吻合,也就是他推崇的知行合一、言传身教。

共生是以家文化、中华几千年文化的历史沉淀为基础的,左右家私把中国的文化底蕴融进企业管理之中,与共生的中国文化的精髓很好地结合起来,非常好地体现了中国管理文化,让企业韧性成长、长期发展。

| 专家洞察 |

左右家私的价值共生与韧性成长

左右家私有限公司是一家提供软体家具、全屋定制、智能家居相关产品及服务的科技创新引领型家居行业龙头企业,连续多年位列全国软体沙发行业前三。

公司十余年以来宣传的"幸福不远，就在左右"在业界几乎无人不晓、深入人心。公司的核心竞争力包括时尚的设计、绿色的品质、智能的体验、优质的服务、幸福文化的关怀。公司的使命是继续打造和维护左右幸福家居文化第一品牌。

左右家私在国内外家居行业激烈的竞争及周期波动中始终坚持长期主义、价值共生、韧性成长，奉行"长期共生文化"与"与时俱进、知行合一文化"。

左右家私的管理模式体现了以下六个层面的长期主义、价值共生、韧性成长。

公司与员工：亲人关系。公司打造幸福家庭文化，给员工家人的关爱，让员工有家的感觉。公司投资创立左右商学院进行员工培训与职业教育，打造一流学习型组织，有"业界黄埔军校"之称。公司创立以来没有开除过一名员工，包括公司处于销售利润低潮的时期和三年疫情时期。

公司与合作伙伴：自家人关系。公司尽可能地给予合作伙伴更多的支持，和合作伙伴携手共创辉煌。公司在行业内率先开发了一系列数智化系统软件，将合作伙伴及经销商数据与总部数据连接，使管理层能对市场做出快速判断，使公司能根据产品检测数据联合供应商进行原材料的研发、升级等。

公司与供应商：共赢关系。公司与供应商坚守承诺，共同构筑可持续发展的生态链。在2020年疫情暴发时，左右家私是行业第一个向湖北黄冈红十字会捐款的企业。同时，公司马上给全国经销商的产品价格下调10个点，光这项的支持力度就是几亿元，帮助经销商渡过这个难关。而行业内很多其他品牌没有给其经销商支持，导致其经销商没能挺过疫情只能倒闭。

公司与用户：朋友关系。公司实事求是，真诚相待，让用户觉得购买左右家私的产品物有所值。

公司与竞争对手：同学关系。公司与竞争对手在公平竞争中互相学习，共同推进产品、服务及行业进步。

公司与社会：子母关系。企业的生存与发展离不开社会，企业盈利取于社会，也应该回报社会。为响应"双碳"战略，公司从2016年开始（已经坚持了6年）每售出一套沙发，即向百万森林计划捐种一棵树，回馈社会。

即使在新冠疫情暴发的几年里，左右家私依旧保持着较平稳的发展与增长水平。作为深圳及全国行业领袖企业，左右家私将继续引领家具行业的发展与创新，与各方价值共生，为千千万万中国家庭打造幸福就在左右的生活方式。

作者简介 ——————

黄伟
中国管理模式50人+论坛成员
南方科技大学深圳国家应用数学中心数字经济研究中心主任、商学院创院院长、讲席教授
世界信息系统学会会士（AIS-Fellow）

第二章

利群集团
中华老字号的发展模式探索

| 企业速写 |

改革开放以来，利群集团（以下简称"利群"）面对不同时期的市场，因应宏观经济政策之利好，顺势而为，主动求变，"用心去做，永不满足"，获得稳健、快速的发展。2003年集团名称由"青岛利群集团股份有限公司"变更为"利群集团股份有限公司"，为集团迈出山东、走向全国提供了先决条件。2016年1月，旗下山东瑞朗医药股份有限公司在新三板市场挂牌上市；2017年4月，旗下利群商业集团股份有限公司（利群股份）成功登陆上交所主板市场，集团借资本市场之力步入新的发展历程。2018年5月，利群商业集团股份有限公司成功收购韩国乐天旗下2家香港公司及华东区10家境内公司100%股权及境内公司下辖的72家门店，公司经营规模显著扩大，社会影响力进一步提升，真正实现从区域性商业集团到全国性商业集团的跨越。

在长期发展中，集团探索出"全产业链+自营"为主的供应链整合型经营模式，在淮安、青岛等地自建大型物流中心 4 处，总面积超 70 万平方米。集团在坚持以零售连锁和商业物流配送为主业的同时，积极推进多业态同步发展，在酒店连锁、药品物流和药店连锁、房地产开发、电子商务、文化投资、进出口贸易、跨境电商、金融、快递、矿泉水生产、信息科技、社区生鲜、便利连锁、品类集合店、食品加工业等领域开展多元化经营并取得进展。近年来集团发力国内重点区域布局和国际化经营，拥有已开业 2 万平方米以上的商厦 100 余座，商业总面积超过 300 万平方米。2022 年，集团实现营业收入 286.7 亿元，实现利税 6.11 亿元，连续多年位列中国民营企业 500 强、中国服务业企业 500 强、中国连锁百强企业前 30、青岛市百强企业前 10。

| 企业案例 |

社会经济繁荣，百姓生活丰富多彩，都离不开商贸企业带来的货畅其流、物尽其用。多样化的顾客需求、强劲的市场增长又使大量创业者、投资者涌入商业领域，商贸流通竞争激烈。

随着时代的发展变化、技术的推陈出新、消费观念的不断更新，商贸流通企业在商业经营模式、市场运作模式、消费模式上都发生着深刻变革，不断改变着商业竞争发展的版图。

在社会变迁与商海的历史波涛中，利群集团用其近百年的成长故事诉说着中华老字号的发展之道。

利群集团韧性成长概述

利群集团是一家有着 90 年历史的"中华老字号"企业，以其接近百年之基业见证了中国经济与社会的沧桑巨变，拓印着中国百货商业史的足迹。回望利群集团 90 年的商业年轮，在中国经济环境的巨变中，公司经历了商业风雨，在机遇与挑战中韧性成长，积聚形成自身的持续竞争力。以商业编年史观之，利群集团的创业成长可分为如下几个阶段。

一是 20 世纪 30 年代到 50 年代商铺分散的创业期。在这个期间，利群前身的各个商铺如福兴祥杂货店、德源泰百货店、永信绸布店、大光明眼镜店、福兴裕玻璃店、瑞成书局等各自创业、独立发展，这些商铺在日本侵略的战火中韧性成长，在中华人民共和国成立后迎来了稳定、祥和的发展环境，各商铺焕发生机。

二是公私合营"利群"诞生的计划经济发展期。1956 年我国资本主义工商业社会主义改造基本完成，政府将名德和万象等百货店、裕龙和永丰等绸布店并入德源泰百货店，将瑞城书局、永昌书局、大光明眼镜店等并入福兴祥杂货店，1964 年将德源泰和福兴祥合并同时还合并了一些小商铺，正式冠名"国营利群百货商店"，"利群"由此诞生。在计划经济时代，利群商店的商品按计划供应并受体制保护，效益好时利润全上交，效益差时也有政府给予补贴。到了改革开放初期，利群经历多次改革调整，包括 1988 年省内商业第一家试点股份制改革，但在当时商业环境下，利群的表现总体呈现平稳有余而后劲不足。

三是在社会主义市场经济体制下利群体制创新的快速发展期。1992 年我国确立市场经济体制改革目标，利群集团不仅迎来新的发展机遇，还迎来了新的掌门人——徐恭藻。在他的带领下，利群集团开启了以现代企业制度为准则的体制创新、经营创新的老字号再创业时代，从探索到实行股份制改革，从集体所有制的百货公司到探索推行公司治理的改革，建立现代企业制度，成立利群集团（1999 年）；从第一个现代化利群商厦开业到如今拥有总商业面积超 300 万平方米和总面积超过 70 万平方米的仓储物流供应链物业；从单店经营到确立"百货+超市"连锁经营，实施批发与零售分离，自建物流配货中心，到多业态共生发展的多元化经营；从青岛本地经营到省域多地经营再到稳健的全国布局；从面对国内商业百货同行竞争到中国加入 WTO 后面对百盛、家乐福、佳世客、沃尔玛等大型外资百货公司竞争，利群集团勇毅前行，经营业绩和公司实力稳健、快速增长，集团连续多年实现两位数的业绩增长，2006年营收首次突破 100 亿元，2012 年营收突破 200 亿元，2022 年，集团实现营收 286.7 亿元，多年稳居中国民营企业 500 强，成为国内商贸流通服务业的一面旗帜。

四是互联时代的"全产业链+自营"的共生态发展期。利群集团是在国内商贸流通企业中较早引入并自主开发适用于百货经营的计算机网络系统的企业。集团涉足互联网经营也较早，2004 年涉足电商，2008 年成立电子商务有限公司，并不断引进吸收网络新技术和智能物联技术，探索和发展新商业模式。2016 年，利群上线 O2O 新模式平台——"利群网商"，接着，2017 年"利群采购平台"上线，完成了互联网经营基本架构的布局，完善了公司治理结构，推进了企业经营管理创新。2017 年 4 月，公司整合优势经营资源实现利群商业集团股份有限公司（利群股份）在上交所上市，此前，集团的瑞朗医药公司在新三板挂牌（835600）。历经多年深耕与发展，利群集团与供应商建立价值共生网络，聚合各个品类上游产业链资源，建立大型智慧互联的物流供应链，"重仓"持有市场所需全品类商品，创新批发和零售的自营模式，开发为第三方进行供应链服务的潜能，吸收互联网新形态下的营销理念，创新重大疫情突发情况下零售连锁的运营模式，实现了疫情期间集团的稳健成长。

利群集团商道战略"五力"模型

在企业经营管理理论中,美国战略管理学者迈克尔·波特有关行业竞争的五力模型是经营者所熟知的模型,它启示创业者与企业家在面对外部市场竞争时,如何构建竞争能力并战胜竞争对手,从而获得生存和成长的空间,乃至赢得行业内较高地位。

通过关注外部"五力"来构建企业的竞争力必须要以内部能力的打造为基础,没有扎实的内部能力,外部的"五力"都是空中楼阁。我们在对利群集团的调研中清晰地感知到了"力道"的作用,比如"用心去做,永不满足"的"心力"、集团引以为豪的物流供应链竞争力、对万千商流与多业态协同推进的控制力等。通过多次调研和分析,我们发现利群的成长与竞争力可以用内在"五力"模型(见图2-1)来论述,这内在"五力"模型决定了其外部"五力"的实力。这内在"五力"指的是:利群文化力、供应链平台力、员工成长力、内控与决策执行力、品牌与顾客价值创造力。其中,利群文化力居于战略种子位置,供应链平台力和品牌与顾客价值创造力属于经营运行的发力,而员工成长力和内控与决策执行力属于组织管理的发力。

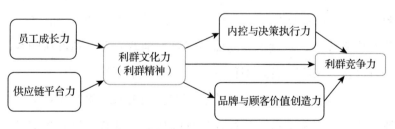

图 2-1 利群成长的内在"五力"模型

企业文化力也称文化软实力,是一个企业为谋求自身的生存和发展而在长期的生产经营实践活动中形成的，基于该企业在商业与社会中的文化认同感而产生的亲和力、感召力、吸引力、凝聚力和竞争力[一]。利群集团在长期经营中确立的"用心去做，永不满足"的核心文化具有非常好的感召力、凝聚力与亲和力，同时也体现了进取、开拓的企业家精神。对利群集团核心文化的作用力可以从三个维度进行进一步理解。

一是居安思危、不断进取的企业家领导力。这一点在以利群集团董事局主席徐恭藻为核心的领导团队中得到了集中体现，在与徐恭藻有关的讲话和访谈中可以看到，他对利群集团发展成绩的肯定往往比较平实淡然，但对商业大势中的风险、利群外部竞争的压力、内部经营管理中的问题与危机则往往言之凿凿、透彻心骨，让人感觉到利群集团似乎每天都在"商业刀尖"上滚动。正是这种对成绩低调，对问题高调，对发展"永不满足"的企业家精神引领着利群迈过不同年代复杂、高强度竞争的商业门槛。

二是做好商品供给侧，满足顾客需求，让顾客满意的服务力。"用心"的核心文化衍生出对顾客的"想在您前面，做到您心里"的经营文化，而后者也是利群经营哲学——"利泽群惠"的行动体现。利群选择重资产持有大规模商品资源并坚持以自营为主而非加盟或联营，核心原因正是关注到顾客对商品和服务的多元需求，以及对价格优惠、质量可靠的商品偏好的消费心理。利群从顾客的"消费初心"出发，用心对待顾客，用心经营利群。

三是利群对员工的凝聚力、感召力与要求。徐恭藻认为，企业文化"具有调动员工积极性的激励功能，具有引导和规范员工

[一] 陈春花，乐国林，李洁芳，等.企业文化[M].4版.北京：机械工业出版社，2022.

行为的约束功能"[1]。利群给每位员工创造平台，特别是在业态、区域越来越多的情况下，使员工可以锻炼与成长的空间足够大，让员工能用心去做便能创造更大业绩，取得更大收益，而永不满足的奋斗精神可以让每个员工过上更好的生活。利群作为一家老字号企业也因此"立于不败"。

人始终是企业发展的核心着力点，人才是企业和事业成败的根本，因此，利群集团一直重视员工的工作行为与工作精神、发展机会和转换学习力。在工作行为与工作精神上，利群要求员工要按照采购、仓储、配送、运营、市场销售、结算等经营管理环节的工作规范严格执行，并把顾客的要求与反馈作为改进工作行为的指南。利群在1999年成为山东商业系统中首家通过ISO9002质量体系认证的商贸流通企业，正是由于其严格的工作管理。利群认为严格执行规范，并在企业需要的时候靠得上、挺得住的这种奉献与奋斗的精神是每个员工应具备的。利群重视员工的发展机会，作为山东省首个员工持股的公司，它所表达的就是"价值共生"，每年放开干部岗位竞聘是员工与企业价值共生的通道，激励大家"公平竞争、发掘自我"。商贸流通企业每天面对多样化的顾客需求、竞争的红海和商业伙伴推出的层出不穷的产品，因此通过学习转换生成员工的"新质"能力非常重要。利群重视学习转换的作用，利群的每一次重要进步都是向顾客、竞争对手和商业伙伴学习的结果。例如，中国加入WTO后，大量外资超市进入青岛，利群员工从竞争对手——百盛那里学习到开架自选的科学陈列方法，从佳世客那里学习到购物场景的营造等。

---

[1] 何君，等.东方商道：一个中华老字号振兴的故事[M].青岛：青岛出版社，2008：125.

在供应链平台方面的竞争力塑造上，利群集团最鲜明的特征便是现代化的供应链系统。平台思维、平台企业、平台组织是最近几年智能互联技术的应用带来的新的商业经营理念与模式，回溯利群集团不遗余力地投入巨资打造自己的物流供应链过程，利群集团几乎是国内商贸流通业首个从平台战略角度思考与实施供应链体系建设的企业。

徐恭藻将供应链体系视为战略资源，他甚至将利群集团定位为"资源型企业"。有了充分的供应链资源，利群集团的供应链体系可以被塑造为供应商资源流转的实体平台、商品资源的配发平台、商品再生产的制造平台、业态要素的交接和补位平台、商业经营的第二利润中心等。为做好这些平台，使其成为公司做各种战略布局、战术竞争的"源动力"，利群集团认为要在资源自主、资源开发、资源盈利方面下足功夫。利群集团采用自己建造大型物流实体、自采买断的方式获得全品类、大规模、有竞价优势的商品资源，从而达到资源自主。利群集团投入资金建设设备和设施先进的供应链仓储配送基地，研发打通各个运营环节的网络技术，促进资源的高效、快速的开发与使用。利群集团不依赖于利群购物中心、利群超市的商品消化能力来进行资源盈利，而是充分利用供应链进行外销，包括使用与竞争对手合作的方式，使供应链成为第二利润中心。

企业经营的核心就是创造顾客价值，品牌打造的核心是顾客价值的提升，只有创造顾客价值，企业才能获得"衣食父母"，才有成长与竞争的利润基础，只有能获得并提升品牌美誉度的企业才能通过品牌溢价提高利润率。沃尔玛在处理与顾客的关系方面有一条准则——顾客永远是对的，利群则进一步，想顾客之所"对"，成就顾客之所"对",提出"想在您前面,做到您心里"。

利群集团对顾客的基本定位就是宽街小巷的百姓、普通工薪阶层。提供便利的购物环境,确保货品的质量,满足大多数人的需求,关注百姓对商品的价格敏感度等,就是顾客价值的创造点,也是利群盈利模式设计的出发点。利群是一家具有90年历史的老字号,老字号本身就是品牌的沉淀,对于消费者而言,具有熟识度、认同度与美誉度,因此,塑造品牌吸引和留住更多顾客,复活更多老字号商铺品牌,增加品牌的盈利资源是利群品牌发展的一项重要工作。同时,孵化新的品类与品牌,获得知名品牌的代理权,通过品牌运作来增加盈利点,提升盈利水平是利群商业模式微创新的主要发力点。

在内控与决策执行力方面,徐恭藻在一次企业家与经理人的外部讲座中提出,企业的老板和经理都要懂财务,学会使用财务知识与工具才能做好运营。在对利群管理人员的调研中,我们发现有财务、计算机背景的中高层管理者非常多,而没有这个专业背景但是对财务与运营数据及其之间的关系如数家珍的比比皆是。由此可以看到利群集团对内部控制的重视程度。当然,内部控制不仅仅是财务方面,还包括制度规范的建设与执行,利群集团内部关于采购、商品审核、陈列、促销、资金使用、存货周转、利润核算、营运监控等的制度非常细致,子公司之间以营收目标、利润目标为总体牵引,集团通过细化的关键指标对子公司进行管控并计入年度的正向与负向激励当中,使集团的决策在各个子公司乃至具体门店中做到"不走样""不变形"。这些能够确保企业在业态多样、市场纷繁复杂、顾客需求多变、竞争变化无常的环境中,决策执行有力度,战略实施有"颗粒度"。

利群商道"五力"模型的关键实践

利群商道的"五力"模型是利群长期探索形成的经营管理之道,"五力"中每个要素都非常关键,这里从经营与执行的角度选取供应链、创新与品牌、管控执行三个方面的实践进一步论证。

系统快效的供应链后台

利群集团提出商道经营的主体模式是以"全产业链+自营"为主的供应链整合型商业模式,这是利群快速发展的核心竞争力来源,利群的高管们将利群强大的自主物流供应链体系视为公司的核心资源。在企业经营中将供应链价值提高到企业核心竞争力的层面,是近年来企业界的共识。在此之前,企业虽然重视供应链,但大都将其奉之高阁,利群集团则在公司进行现代企业制度改革,确立"超市+百货"的经营战略时,就已经把物流供应链建设作为一项中心工作常抓不懈。

早在 1997 年,利群集团就认识到百货连锁经营的关键是成本竞争,而现代化的物流管理是企业降低成本获得规模竞争优势的关键。徐恭藻提出,"运用现代物流对传统零售企业进行流程再造已是大势所趋,利群未来的发展绝对需要现代物流的支撑"[一],1997 年 5 月利群成立了以经营文化、百货、食品为主的福兴祥商品配送有限公司。最初,该配送公司只是为了满足公司内部部分商品的快速配送需求,后来该公司开启了集团外直接经营业务,为集团后续建立各类批发公司,开展批发经营提供了参考范式。然而,利群

[一] 何君,等. 东方商道:一个中华老字号振兴的故事 [M]. 青岛:青岛出版社,2008:58.

集团并不满足于将福兴祥定位为一家物流配送并兼做直营业务的企业，也不满足于仅仅依靠福兴祥商品配送有限公司来完成供应链体系的搭建。在福兴祥物流配送体系的建设和运营中，徐恭藻进一步认识到将自身的物流公司建设为"第三方物流"，并搭建一个功能强大的系统化供应链体系，成为自身可以掌控的"产业链资源"，对于利群的长远发展和竞争力构建具有定海神针般的作用。利群将其供应链体系建设视为公司的战略资源，进行长期探索、持续布局，并形成了自己的特色和强大优势。

第一，布局具有战略价值的供应链体系。利群在单店经营时期已经比较重视商品的配货、到货、质量与销售，保证市场供应，这与1992～1993年的经济状况明显有关，而到集团确立跨区到青岛的黄岛、胶南进行连锁经营后，能否快速配齐货源，获得友商品牌入场经营，实现商品规模化保质保量快速供应，并能适销对路，满足多种需求，赢得顾客，这在信息交流、交通尚不便利的年代成为利群集团跨区连锁经营的挑战。因而，公司将"大物流""大供应"作为连锁经营持续发展的关键，"现代物流"的实践由此开始，而随着国外大品牌百货、超市涌入青岛商圈与集团进行面对面竞争，利群进一步强化了供应链战略的投入，打造优势的供应链体系。利群集团的供应链战略价值体现在：一是供应链生态富集，既有自控、自营的大部分公司，也有品牌或友商的入驻，还有自己孵化的产业公司、批发贸易公司、服务性公司，形成了一个围绕百姓生活的全品类的流通产业生态；二是科学高效的供应链体系，使供应链自主可控，这体现在围绕公司年度目标，采购、批发、零售部门既分工明确，实行"内部市场化"，分灶吃饭，又围绕公司目标、品类目标紧密协作，集团既是投资人，也是裁判，以科学的制度、流程保障供应链安全、有序、有效运转。

第二，打造价值共创的供应链。价值共创最先是从消费者的角度说明企业的价值或利润不仅仅是由企业单独创造的，而是企业和顾客共同创造的，顾客不仅是企业产品与服务的消费者、利润贡献者，还是企业价值或利润的创造者㊀。而随着互联网技术与共享经济的发展，产业链乃至产业网络参与某一企业价值创造的活动走向了前台，并且联系得越来越紧密。企业价值是企业与供应商、商业伙伴、合作者、顾客和员工等不同主体共同创造的，这一观点越来越深入人心。利群集团从供应链体系打造的一开始就引入共创、共赢、共享的价值理念，并且从与其大部分商品供应伙伴交易的模式来说，利群集团还承担了大部分可由供应商与经销商共同承担的市场风险，这是由利群集团与其大部分供应商"买断商品"的关系产生的。买断模式对于经销商而言，优点是可以使经销商获得品类丰富、规模大、进货成本低的产品，但缺点是当市销不对路、顾客需求不足、竞争压力大时，经销商会因无法退货面临砸到自己手里的风险，而供应商却有了保障。利群采用统一采购、统一配送、统一结算的模式，这对供应商来讲是一种保障。尽管因批发价低，供应商会损失部分利润，但没有市场风险，而利群坚守的按期兑付货款的做法使其利益实现得到保障。利群的这种交易模式和极好的口碑，强化了供应商主动、积极、优先与利群集团协同合作的关系，保证了利群集团在面对不同市场环境、竞争环境都有真诚协作、规模强大的供应商群体的支持。在此基础上，利群集团还通过现代化的网络信息系统自主开发相应的运营管理软件，将自己与供应商的

㊀ 简兆权，令狐克睿，李雷. 价值共创研究的演进与展望——从"顾客体验"到"服务生态系统"视角［J］. 外国经济与管理，2016, 38（09）: 3-20.

营运与财务系统打通并对接，双方共享商品知识、品牌知识、市场信息、竞品情况、动销状态、费用结算等，这不仅增加了彼此的互信、互动，还使双方乃至多方可以相互补位，快速响应市场、顾客的动态变化需求，实现从产业链上游直达消费终端的价值共创过程。

第三，形成自主可控快速响应的供应链。徐恭藻凭借其长期在商贸流通领域的耕耘经验和敏锐的商业洞察力，相比同行，极早地意识到了建立自己的物流供应链的重要性。当国内"第三方物流"还停留在概念阶段时，他前瞻性地认为百货零售企业建立适合自身的供应链系统不仅可以确保企业内部各区域的购物中心和超市有稳定可控的货品供应，有吸引顾客的价格优势，还可以作为"第三方"给公司外的客户乃至竞争对手提供产品与服务，并且可以由此延伸出更多的服务，如物流业务、金融业务、代购业务等，为利群集团的发展提供更多的商业模式创新。为做到和做好供应链的自主可控，利群集团主要做了如下几件事：一是商品买断，重资产持有规模化商品，使自身相比竞争对手而言拥有更全的品类、更大的规模、更快的配货速度、更大的促销空间；二是持有品牌代理权或孵化自有品牌，增强知名品牌商品（区域）经营的控制权，获得更多的品牌溢价；三是围绕零售、商业综合体建立自己的多元化业态公司，涉足食品加工、酒店服务、金融典当、房地产开发、文化娱乐等领域，做到供应链"产业化"、自主化，这既丰富了集团自身的经营业态，又为企业从整体上降本增效提供了空间；四是重视并强化供应链信息网络系统的建设，使供应链系统可以快捷、精准地反映公司内部各种经营要素的变化并做出有效应对。利群集团是行业内较早引进专业人才应用计算机技术开展科学管理的公司，并且立足自身业务特点开发了自己的运营、资金、成本、物流软件，目前已经建成华东区（淮安）、胶州、李沧、城阳智慧物流与供应链系统。

从零售商业经营的本质来说，零售企业可以最有效地聚合上游产品资源并以高品质服务创造顾客价值。高效、敏捷、让顾客满意的供应链响应对企业竞争力有决定性的影响，完善、高效的供应链系统使企业能够快速、精准、高效地响应市场变化，创造顾客价值，成为利群供应链竞争实力之基。

持续深化的经营管理创新与品牌运营

尽管创新多半会面临失败的风险，但创新是所有企业都提倡的活动，因为创新成功给企业带来的竞争力改变往往具有乘数效应，同时，客户需求变化、同行或跨界竞争带来的经营压力也在逼迫企业创新、求变。就利群集团而言，它们的创新更多地带有主动学习、主动求变、长久盈利的"积极创新"的特征，这既与徐恭藻善于学习，善于思考，鼓励推新有关系，也与利群集团"永不满足"的企业精神和"想在顾客前面"的经营理念有关。"永不满足"就是要永远保持探索、质疑、学习、改变现实的行动习惯，"想在顾客前面"就是要向顾客、市场学习，思考顾客的"痛点"、新需求和不满意在哪里，能否用一种新模式"整体上"解决顾客的痛点，从而为企业创造大的商机和盈利机会。在对利群集团的多次走访调研中，我们听到比较多的内容是"学习""××（对手或榜样）是怎么做的，我们要做得更好""换一种模式（路子）去做会更好"等。利群集团敢于做系统创新的尝试，进行营运关键环节的"微创新"，以此深化科学经营与精细管理。

在系统创新上,公司重视开展系统性变革来应对利群陷入缺乏"生机"的危险和竞争对手的进攻,并获得新的商机或催生全新的业务或业态。利群集团是山东省商业第一家试行股份制改造、第一家通过银行发行债券募集资金、首家进行单品管理、领先性进行第三方物流管理和供应链体系建设等系统创新的公司。利群集团还是山东商业系统中较早大规模招聘大学生并敢于向其压担子的企业,公司在20世纪90年代初就重视大学生人才梯队建设,让大学生承担重要任务乃至负责重要岗位,现在公司的中高层干部几乎都是公司长期选拔和培养的大学生,而这些人才也确实带领利群走上了行业领先之路。公司做的这些大创新都比较成功,对公司经营管理具有焕然一新的效果,这些系统创新也为公司建立了有竞争力的"护城河"。比如,公司在物流供应链方面的创新包括,在物流设施、物流园建设在国内初起时,利群集团找准物流配套区位,超越仅仅将其视为仓储配送的功能定位,按照"数据中继站"、生产(加工)制造区、(智能)分布式网络、利润柔性源点和新企业孵化平台(如一系列批发公司或自有品牌公司)等进行分片和分区布局,并进行战略投入和建设,这种系统创新为利群集团的稳健成长与领先地位建设了"口宽、径深"的护城河。对此,徐恭藻强调:"利群集团之所以能够发展到今天的规模,与我们在上游成立批发公司,成立物流配送中心,控制产业链核心资源有很大关系……我们坚持按照这个路径做好,企业的发展就会更健康、更强盛。"㊀

利群集团在经营管理上的重要创新还包括品牌运营的创新,这个创新不仅仅是业务创新,还是具有鲜明特征的商业模式创新。具

㊀ 徐恭藻. 岁月留恒[M]. 北京:企业管理出版社,2014:241.

体而言，利群在品牌运营方面的创新主要从三个方面入手：一是利群集团主品牌——"利群"的塑造与传播，使利群成为百姓家喻户晓、业内声名鹊起、国内外知名的有竞争力的行业品牌；二是代理品牌或品牌代理，就是甄选品类中的知名商品品牌和有潜力、有优势的品牌，通过谈判获得一定时期内其区域乃至大区的代理权，实际上这也是一种供应链的"买断"，由此获得的品牌区域市场控制权，可以使利群获得该品牌更多的溢价利润；三是开创自有品牌，按照品类或者品类中的部分细分产品，设计、开发、运营自己的品牌，目前利群已经有非常丰富的品类集合品牌商（其中30多家是集团独立机构设置的批发公司），如瑞尚、博晟、鼎誉、臻丰、宇恒、福昌、瑞朗等，更有许多细分品牌如福兴豆制品、利麦面粉、谷仁庄大米、郦可麦中式面点、麦谷仟仟西式面点、禛禛有熟食制品、九水名漪矿泉水等。这三种品牌运作模式中最具商业模式创新价值的是那些独立运作的自有品牌，它们就是利群集团的"阿米巴"，并且是要求自有"品牌"做大做强使其能够获得品牌溢价的阿米巴，而非仅仅是相对独立经营、独立核算、自负盈亏的商业实体。利群集团在规范内部管控的前提下给它们非常自主的资源权限，使这些自有品牌可以放开手脚和外部市场主体开展竞争，而集团在战略支持和资源上提供足够保障。目前这些自有品牌已成为利群创造业绩和维持并提升企业竞争力的核心资源之一。

在品牌运营上，利群通过多年的探索已经有非常完善的品牌运作的制度与流程，培养了一批品牌运营管理的人才。

在联营品牌方面，集团重视与品牌方的紧密合作，双方在品牌商品、品牌活动、品牌推广、品牌营销、品牌动销动态、竞品经销情况、商品供给与库存、资金与费用变化等方面，进行信息共享、政策协同并维持高水平的经营资源支持。也正因如此，利群集团在跨区扩张、新的购物中心开业或面临复杂的市场竞争环境时，能够得到联营伙伴的鼎力支持，这是一种品牌价值共生的体现。

在自有品牌方面，利群在学习同行品牌孵化与运作的基础上，始终把产品质量作为底线，把"用心去做"注入自有品牌经营。集团为尽快让自有品牌发展起来，整体上对于品牌特别是获得总经销、总代理的品牌采取的策略不是通过内部经营来维持品牌的生存，而是重点考核它们从外部市场获得订单的能力，让它们与同品类其他商贸流通企业或商品直接竞争，用市场的狂风暴雨去检验品牌能力，塑造品牌声誉，培育知名品牌。

精益管理，赢在执行

一个企业办得好不好，能否走得稳、走得远，能否有竞争活力，从微观上主要看企业流程制度是否科学、健全及能否被有效执行，日常运营管理是否做得规范，基层管理是否得力，员工规范工作的自觉性，企业管理者与员工的协同配合度，员工工作自由度，财务运行效率，对外部变化的响应能力，微创新效率等。商贸流通企业特别是其中的商超是一个看似入门门槛不高，但品类结构、产品结构与价格体系非常复杂，市场结构、顾客需求、消费偏好快速变化的行业。它对于经营者稳健、科学、精细和柔性管理的水平要求较高。当商贸流通企业向上游产业链延伸进入生产制造甚至源头材料的经营管理时，企业运营管理将更为复杂，对企业及其管理者的专业化、制度化、流程化、精细化、协调性的要求更高。利群集团不只是单一的商贸流通企业，还是以商贸流通为中心的多业态整合发展的商业生态企业，驾驭这样一艘"商业航母"，不仅需要高超的战略领导与指挥技能，还需要复杂精细的战舰操作、舰机协同，因此，做好利群内部科学、精益的管理极为重要。在有关利群的访谈和文献材料中，它们对经营中的运营管理的规范度、精细程度、执行力要求给我们的印象非常深刻，也正是这样的管理风格使公司的战略可以落地在管理的"毛细血管"中。

一是精兵强干。运营管理的执行在人，利群的干部和员工是完成公司年度任务，提升管理水平的关键。利群通过强化干部队伍建设，做好员工培训与规范工作行为，严格结果考核来提升员工工作能力和精细化管理水平。利群重视选拔受过良好教育的人才作为"储备干部"，从1993年开始大规模招聘大学生，并要求大学生从"站柜台"开始，获取一线工作经验，1999年开始推行竞争上岗的干部选拔制度，选拔德才兼备的员工作为各个业务线上的骨干，所有干部要晋级都必须以带领下属干出出色业绩和多岗位历练作为基础。利群重视员工业务能力的培训，教员工做好每个业务环节的基本工作，并且要求员工学会观察和思考。多个会议材料显示，作为利群的最高领导者，徐恭藻会就零售中碰到的每个具体业务问题，如促销、陈列、扣点、盘点、补货、库存、周转等对员工进行具体的"教练"，对于基层主管公司还有比较系统的培训，如"班长成才的'五重修炼'"等。利群通过严格的考核，以业绩考核作为指挥棒来激励、引导和规范全体员工的工作行为。作为商贸流通业企业，员工的业绩好不好往往他们自己就能评价得准确，因为他们的业绩评价基本都以商品销售数据和毛利为依据，所以推动其按要求做好工作并不困难。

二是制度治企。"坚持依法、依规治理企业、管理企业，我自己认为应该形成一套有效的制度，这种制度不因为换人而变化。"

徐恭藻在谈到做好企业的经营管理工作，促进企业稳定发展时总结道。利群集团和许多获得长远发展的领先企业一样重视严格的制度、良好的规范在企业运行中的主导作用，"合规经营"不仅仅是政府对企业的要求，也是企业对管理者和员工的要求。利群集团一直在推动以制度化、模块化的管理来使公司的日常运营、目标执行具有稳健性、可预测性。公司在运营管理的各个模块、流程中建立了完善的制度，如质量保证体系、采购制度、收货制度、末位淘汰制度、无障碍退换货制度、陈列规范等。

三是尝用新技。利群集团"敢于尝试新东西，我们当时（20世纪90年代）搞计算机应用，没有可借鉴的，也没有后台支撑，就自己做开发，（结果）是对的……（后来）不管是零售端，还是供应链端，我们在（不同）阶段都用了同行业，至少是零售企业中最先进的东西。"以上是一位受访的利群高管在谈到利群高效经营的来源时所说。利群集团在从单体商业经营到连锁经营，再到后来的多业态经营中，很早就意识到新技术、新装备对公司快速汇聚商品流，动态监测经营与资源使用效率，快速处理终端业务，助力管理决策与行动调整等方面所发挥的"工欲善其事必先利其器"的作用。在公司的物流供应链基地建设中新技术、新装备的使用非常多，如5G技术兴起时，基地大量使用了其中的新技术。目前全国零售业中，利群是第一家大面积用3D视觉识读技术的公司，在拆垛、配货、物流、交付等方面研发并使用了最优数据模型，使供应链做到精准、高效并能实时反馈。敢于优先且大规模在集团运营管理中使用新技术，为集团科学管理、高效运营提供了良好的基础。

四是执行有力。多位高管在谈到利群的运营管理特征时，几乎不约而同地认为利群集团是一家执行力很强的公司，"利群的执行力真的非常强,只要是定下的事情,(比如)说是明天开业,今天不管想什么办法,明天一定要开业"。利群集团在执行力方面有两个特点。一是利群培育和延续了非常好的"执行力文化"。公司在改制发展以来各阶段遇到的各种问题中,领导亲力亲为、说到做到,与下属并肩战斗,使所有员工直接感受到利群的做事风格与创业的"利群速度"。例如,2018年利群收购乐天玛特华东区域门店的时候,用时5个月,完成了门店商品的清盘、场地清理、重新布局、设备调试、商品陈列、品牌招商,于12月26日收购的45家门店全部重新开业。二是执行专业、精准。执行不是"盲动",而是要围绕任务要求、经营结构、商品特征、营销问题进行专业化操作,要在细节上不断精准打磨。在集团提供的有关徐恭藻的讲话及会议材料中,我们发现他谈得最多、最细的就是商品经营中的专业执行、精准把握。例如对于商品"断货"问题,他提出不能因为担心商品积压就减少存货的种类与数量,当商场断货达到14%时,一定会流失大量顾客,"宁可积压,不能断货"⊖,但也要防止积压,采购部门、批发部门、商场、供应商要在进货前做翔实的调研分析,精准判断。

商贸百货发展趋势与利群发展展望

商贸百货发展趋势

近年来因疫情、地缘政治危机、贸易摩擦和逆全球化等因素,商贸百货领域的发展受到比较大的冲击,网络技术在生活中迭代推广加速、居民工作与生活方式变化、居民购物场景选择偏好变化、

⊖ 徐恭藻. 岁月留恒[M]. 北京:企业管理出版社,2014:241.

更多商贸流通商业模式与渠道出现等对商贸百货的发展带来了挑战，当然，挑战当中也孕育并催生了许多新的机遇、商业形态和经营模式。汇集近年来商贸百货诸多专家的观点和资讯，这一产业发展呈现如下发展趋势。

一是消费群体、消费场景和消费行为变化。商贸百货的顾客群时刻处于变化当中，引领消费潮流的永远是各个时期的新消费群体，新技术、新的生活方式、新的工作方式、新的交往方式的出现对消费群体特别是新消费群体的消费场景会产生巨大的影响。例如，新生代消费者以移动网络、"宅"为社会生活特征，商贸百货经营要深刻洞悉他们的生活方式、价值追求，积极迎合他们的需求——移动社交、居家、体验、便利、定制的产品和服务，在商业模式设计、经营结构、产品配置、购物环境、商品配送、配套服务等方面进行创新，迭代升级。

二是数字技术与百货商贸深度融合。百货、零售、批发乃至商贸物流是一个与百姓生活贴合得最紧，与先进技术应用亲和力最强的商业领域，因此，数字化、智能化技术在其中的应用与变化极为多样。当前和未来智能互联技术联通线上线下，云端消费体验与实体场景的融合，顾客数字化及其消费价值开发、消费流程云端化、商贸百货工作场景数字化、全供应链的智慧化等都是正在呈现的未来。

三是打造产业连接、多业态综合、跨界融合的体验式"工作生活融合体"。商贸百货发展的一个趋势是与目前人们工作与生活中虚拟与现实、上班与休闲的自如切换状况相适应，成为人们工作与生活的融合体，使他们获得所需的各种体验，甚至超预期的体验，如利群集团在城市购物中心开设的"市内马术场"。因此商贸百货要进行产业链的跨界整合，构建供应链的"热带雨林"，以最高的流通效率和最低的流通成本满足生产者和消费者的需求。

四是持续深化组织变革，推进模式创新。商贸流通业的转型与组织变革和模式创新密不可分。商业模式乃至运营模式要以客户为中心，为客户创造价值要积极推出能够引流、聚流、流量变现的经营模式创新，并且能够快速升级迭代。在组织方面要开放边界，跨界引流，创新公司治理架构，在统一的企业文化之下释放更多的"阿米巴""创客体"，让"听得见炮声的人"在合规的情况下自主行事。永辉超市以"大平台+小前端+富生态+共治理"为模型建立新型组织形态，深圳天虹力推组织扁平化，都是不断探索组织变革寻求适应时代潮流和消费变化中的商业形态，激发企业活力的例子。

利群集团发展展望

从过去的发展战略与实践中寻找可以持续依靠的力量，从国内外社会经济与技术变革的发展大势及商业变革中踔厉奋发学习新知识，利群集团未来可以持续在如下几个方面踔厉前行。

一是持续战略性投入智慧供应链建设，并打造多业协同、资源汇聚、反应敏捷、前向后向一体化的"生态供应链"，使其成为利群集团战略发展的高价值动态资源。

二是打破组织边界，构建开放性产业生态，系统性构建业态组合，搭建大百货、大商业平台，创新治理模式和分配机制，吸引更多外部主体融入利群商业平台，让利群这一杯"商业咖啡"吸收"宇宙能量"，激活集团内外商业主体的创新、创业力量，成就利群价值创造的"生态雨林"。

三是坚持"用心去做，永不满足"的利群精神，升级企业文化，凝练新时代的商业文化理念与原则，以顾客为中心，在品类、品牌、经营结构、商品结构、营销方式等方面进行适应时代与顾客群体变化的全方位创新，使"利泽群惠"，"做到顾客心里"的顾客文化得到不断巩固和升华。

四是抓实并创新人才梯队与领导力建设。做成一切事情的关键在人，在团队，当前国内许多曾经优秀的民营企业遭遇"滑铁卢"，高管团队的领导力、接班人的企业家精神和干部队伍建设方面的缺失是要因之一。利群一直重视干部队伍建设，有一套比较完整的干部选任、培养、更替制度，今后在经理人才的选用、数字化领导力、变革型领导力、跨文化领导力等方面可以进一步探索推进，在具有国际视野和应对高不确定性环境的新时代的企业家精神培育方面可以加大投入，以适应巨变时代的商业发展，实现利群基业长青。

| 专家洞察 |

利群集团的价值共生与韧性成长

利群集团"发心顾客、强己供应、自胜而能、品牌树标"的商道是企业的核心竞争力。作为一家有着90年历史，发源于"德源泰""福兴祥"等老字号的知名商业企业，利群集团历经不同时代复杂商业环境的考验，稳健成长，已拥有1家上市公司和1家"新三板"挂牌企业。"利泽群惠，共创美好"的经营理念和"用心去做，永不满足"的企业精神为企业共生发展、韧性成长提供了原动力，也是利群商道的原点。利群商道体现在以下几个方面。

（1）"'发于心'的服务顾客价值"——用自采的质量保障、商品的成本内控、自持物业的环境营造、强大的顾客服务系统和亲民的价格等体现"用心去做"，以不断的"微创新"来服务顾客价值；

（2）"'强于己'的供应链生态能力"——以系统搭建、物业自持、源头自采、重仓持货、产品再商品化、数字化精准配货、智慧化物流管控、一体化信息共享和渠道端敏捷反馈，建立自主可控、多方协同、快速反应、品价相配的"自采＋物流＋自营"的商业模式；

（3）"'自胜而能'的员工成长力"——以我国商业领域最早的员工持股为代表的现代企业制度创新、股份制改革、"赛马制"和年轻化干部队伍建设，融合可借鉴的自主创新机制和动态差序的有竞争力的薪酬，形成自我更新、不断变强的 HR 体系和员工成长力；

（4）"'重于品'的品牌运营力"——搭建自营为主、"自营＋代理"的品牌运营体系，根据顾客、品类、区域、产品技术等不同特点营造多元化、个性化的品牌，并以"老树新花"模式复活一批老字号品牌，形成成熟、有创意的品牌运行体系，增强利群集团的商业品牌竞争力。

作者简介

乐国林
中国管理模式 50 人＋论坛 2022 年度轮值主席
青岛理工大学图书馆馆长、教授

第三章

施耐德电气
数字化绿色转型升级之路

| 企业速写 |

施耐德电气有限公司（以下简称"施耐德电气"）是全球能源管理和自动化领域的数字化转型专家。该公司是起源于法国的全球工业先锋之一，不仅是世界500强企业，还是全球顶级的电气与自动化企业。

施耐德电气创建于1836年，以钢铁制造业起家。19世纪，施耐德电气从事钢铁工业、重型机械工业、轮船建造业；20世纪，转型从事电力与自动化管理领域的业务。发展至今，该公司已成为全球能源管理和自动化领域的领导者。

一直以来，施耐德电气恪守创新、全球化和可持续的发展理念，在时代发展的各个阶段为行业的变革和转型做出了重要贡献。在成立近200年的时间里，施耐德电气遇到过无数次挑战，也做过数次重大战略选择，目前已经成长为行业的领导者。

如今施耐德电气为100多个国家的电网、基础设施、工业、数据中心、楼宇和家居市场提供整体解决方案，在能源与基础设施、工业过程控制、楼宇自动化和数据中心等领域处于世界领先地位，在智能家居领域也拥有强大的市场能力。

施耐德电气是一家拥有本土化优势的全球企业，致力于推动开放的技术及合作伙伴生态圈，积极践行有意义、包容和赋能的共同价值观。"在中国，为中国"是施耐德电气扎根中国发展恒久不变的历史使命。施耐德电气不仅见证了中国经济的发展奇迹，更参与中国的每一步成长，与中国携手共进。

随着在中国业务的成功开展，施耐德电气更加重视在中国的发展，并愿意推进进一步的产业合作。

变革就是使命。施耐德电气坚信，在充满挑战的未来世界中，其长期秉承的"赋能所有人最大化利用能源和资源，推动人类进步和可持续的共同发展"这一宗旨将开创新的历史。施耐德电气不仅为经济发展提供动力，还成为改变工作方式、思维方式和生活方式的新力量。

成为用户实现高效和可持续发展的数字化伙伴，是施耐德电气的使命。施耐德电气提供更加智慧的产品及解决方案，助力中国产业升级和区域建设，传递数字化与低碳化的理念和价值，与中国各界伙伴共同实现可持续发展的期望。

| 企业案例 |

前瞻性的战略转型决策

果断调整公司定位

要解决全球气候变暖问题，需要降低碳排放，提升能源使用效率，推进可持续发展。施耐德电气基于节能减排、实现绿色可持续发展的社会责任和产业数字化升级两大因素，前瞻性地调整定位，从能源管理和工业自动化的设备提供商升级为产业数字化和绿色转型的解决方案提供商，成为受各行业客户信任的数字化转型合作伙伴。

在施耐德电气整体的碳排放中，自己工厂及办公场所运营的排放占整个供应链不到10%，90%以上的排放来自上下游企业。对此，施耐德电气认为，实现绿色可持续的端到端供应链，必须打通产业链上下游，从产品设计、工艺设计到采购、制造、安装、运维服务，甚至产品回收等全过程进行绿色数字化改造和绿色运营，与上下游企业共同实现数字化转型，实现企业在运营成本、安全、利润和能源降耗，以及减碳等多方面的改善。

施耐德电气希望，到2030年80%的产品和服务实现绿色运营，能够帮助全球客户累计实现减少8亿吨碳排放的绿色价值。截至2022年年底，这一目标已经实现了一半以上（帮助全球客户累计减少4.4亿吨碳排放）。

市场、客户及产品组合调整

1. 市场选择：目标行业调整

施耐德电气过去的主要客户在房地产和基础设施建设领域，占营业收入的一半；后来进入到化工油气、矿业建材与冶金、食品饮料、汽车等工业领域，现在拓展到智能制造、新能源、芯片、生物制药等领域。

2. 确定产品线、业务线转型方向

施耐德电气原来主打的产品是配电及自动化硬件设备，与复杂的工艺生产过程和电力供应过程相关。近些年，这些设备所应用的行业遇到的数字化和绿色低碳转型的挑战越来越大，施耐德电气开始探索把设备互联互通起来，把设备上的数据更好地利用起来，让硬件更加智能化，并与绿色、可持续、低碳相关联。

施耐德电气认识到，数字化需要一系列软硬件技术，包括传感器、边缘控制、嵌入式软件、人工智能、大数据、应用软件、通信技术等。数字化要真正带来价值，需要构建不同机理、应用不同数据的人工智能数据模型，实现过程监测和决策的自动化。

行业不同（如化工、电力、轻工、食品、基础建设、水务等），需求不同，并非部署一套IT系统就能解决问题，IT系统必须与企业和行业的需求特性及运营技术结合，才能帮助企业降低碳排放，提高运营效率，包括能源效率、运营效率、安全效率，最终给客户带来明显的价值。

施耐德电气定位的产品组合包括：

- 互联互通的产品（电气和自动化硬件）

  这类产品包括两大类。第一类是能源管理，提供配电或者电气相关的产品解决方案。第二类是工业自动化，帮助流程行业、混合行业和离散行业实现整个工艺和机械方面的自动化控制。

- 边缘控制产品（软/硬件产品）

  基于软硬件结合的产品或者纯软件的作用，把所有联网现场设备运行的状态、数据等自动采集起来，然后对采集来的数据进行分析、处理、计算、存储、反馈和控制等，这是实现信息技术和运营技术融合的关键所在。

- 应用、分析与服务（各种数据分析和应用软件）

针对不同的工艺或者设备状况，有的与资产管理相关，有的与能耗相关，有的与一些特殊工艺优化相关，有些还与供应链相关。有了边缘层的数据采集，进行数据应用分析后，还可以通过软件来反馈给硬件系统做出调整。

无论传统工业行业（如化工、冶金、地铁、电力），还是新兴产业（如新能源、数据中心、储能、芯片……），对能源和工艺流程的可靠性、安全性、自动化的要求非常高。施耐德电气通过产品组合，实现用电和生产的安全、高效、绿色、智能。

战略落地策略

引补短板，发挥优势，增强数字化软件集成能力

通过收购或投资，弥补软件短板，与自身的设备制造优势结合，快速增强数字化软件集成能力。

数字化离不开软件，工业数字化需要工厂设计、流程实时监控等多样化的软件功能。施耐德电气一直为工业企业提供保障运营的电力设备技术以及自动化技术，在软件方面有很大的发展空间，与数字化转型的速度及质量相匹配。

施耐德电气发现，虽然很多专业软件公司在业内很有名，但工业用户大多不知道如何利用这些软件能力。为了实现IT和OT的结合，施耐德电气制定了明确的并购路线，围绕公司数字化转型方向，在其产品全生命周期价值链上的不同场景和环节，先后并购了100多家数字化软件领域的专业企业，包括前端设计软件公司、工程流程管理软件公司、运营优化软件公司，扬长补短，协同赋能，把施耐德电气的硬件优势、工业领域用户的战略合作关系、声誉和收购后的数字化软件能力融合在一起，增强了对客户的数字化交付和服务能力，提升了竞争优势。

典型实例就是施耐德电气收购全球最知名的工业软件公司AVEVA（剑维软件）。AVEVA 于 1967 年成立，围绕海洋工程、海事、电力、石化、油气等行业提供软件服务。施耐德电气将其收购后，与自身的现有软件产品整合成一个软件系统。利用施耐德电气在市场资源、技术资源等方面的优势及影响力，赋予了这家公司更大的势能和机会。目前，很多全球商业船舶和海上平台都在用 AVEVA 所提供的软件系统，如 AVEVA Marine、AVEVA E3D Design，这些软件系统在海事领域基本上是家喻户晓，同时也获得了火力发电、核电、高铁、地铁、化工等行业大客户的青睐。

施耐德电气还采取小股权参股的方式，投资应用端的创业公司。2020 年，施耐德电气投资了中国充电桩领域规模最大的公司星星充电。

创新商业模式，打造数字化产品开发生态圈

实现绿色可持续，需要跨界很多技术，一家公司不可能包打天下。施耐德电气本身并不是一个纯粹的 IT 公司，不可能也不需要把所有的 IT 技术都做好，而是与很多其他跨行业、跨领域的企业以及政府机构、教学科研机构合作，为用户提供更完整的解决方案，形成一个促进绿色产业合作的生态圈。施耐德电气与产业链生态圈中的大中小企业，形成了多样化的合作模式，包括参股、OEM、与新兴行业头部客户共研共创、与合作伙伴的创赢计划等孵化模式。

实例 1：创赢计划

施耐德电气在中国成立了一个专门的团队，负责研究创业公司，由此创建了"创赢计划"。施耐德电气在与客户交流过程中，发现用户痛点，共同收集和发掘热点话题，组织小范围的深度交流，例如，绿色智能制造、绿色能源管理等，并设置相应的主题作为切入点。针对每个主题，施耐德电气将其细化为每年五六个场景式的细分课题。例如，新能源微网的利用、物流行业的仓库仓储布局、人员主动安全管理平台、分布式光伏发电安全智能监控等。

同时，施耐德电气邀请行业伙伴共同参与课题攻坚。每一个课题可能由 1～3 家企业报名承揽，8～10 家企业参与，这些企业从而进入"创赢计划"加速营，来完成选择的课题。例如，2022 年的绿色能源管理"创赢计划"是由宁德时代、星星充电及隆基绿能共同承办的。经过几个月时间，搭建出一个真实的场景，10 家企业会进行方案比对。其间，施耐德电气会组织一些导师和专家与企业团队一起研究，做出一个联创方案，最后由施耐德电气的业务专家和出题的客户等组成的专家团队进行评审。这些课题的研究成果有大概 1/3 变成了真正的项目，有客户买单，投资立项，把研究和创新方案落地，甚至复制推广到更多客户。

"创赢计划"一方面有助于解决大企业的创新效率不足的问题。有时候施耐德电气需要研发的产品，例如直流在某些行业的应用方案，经过"创赢计划"的共创，可能很快会变成一个产品，或者一个软件，或者一个组合方案。另一方面，"创赢计划"给很多富有潜力的创业企业提供了一个市场平台，它们可以获得技术指导，包括项目管理、质量控制和研发管理上的方法论，并找到更多的客户。

实例2：金点子计划

施耐德电气公司内部，除了提供不同层次和内容的常规培训，最新的举措是推出类似"金点子计划"这样的项目。该项目有两种形式：一种是结合公司长期战略或者短期战略，公司列出一些小课题，员工可以根据自己的能力和意愿来揭"皇榜"；另外一种是员工基于日常看到的业务机会，愿意去尝试提出新想法。项目通常为期4～6个月，6～8个人一组，针对某些课题进行比较深入的研究分析。在项目总结汇报时，公司部门负责人都要参加一起做出评判，需要投入多少人力、物力和财力，有一些项目当场就可以拍板。例如，在研发中心七八年前的行动学习班上，经过调研，有员工提出要发展本土软件研发。彼时公司的软件还完全来自全球研发，离本土客户的需求有一些差距。尽管实施起来投入比较大，当时管理层还是决定先投入几个人试试看，到今天已经发展成几百人的规模，成为拉动未来业务增长的一个非常重要的引擎。在这个"金点子计划"下，研发、工厂、产品等部门的人员会定期去思考哪些方面能否进行一些改变。

施耐德电气现在孵化出来的智能制造咨询业务，开始也是一个非常小的项目，最早是公司的合作伙伴提出来的。施耐德电气的产品出售给客户后，合作伙伴想去学习，要求施耐德电气给予辅导。现场辅导后，施耐德电气发现这可能是一个潜在的商机，于是成立了智能制造咨询团队，这些新的业务团队的管理机制、考核体系与传统业务团队非常不一样。

实例3：AVEVA构建软件服务生态

AVEVA的项目分两个维度，即软件和服务。工程软件或者大型软件的服务成本通常占项目成本的一半以上。AVEVA 可以从头干到尾，但从成本效率角度考虑，由于人员成本非常高，不可能招那么多人去做服务；而且，AVEVA 的专家水平相对较高，如果让他们从头干到尾，高端和低端的工作都做，显然是大材小用。因此，AVEVA 对服务划分不同的维度和等级，构建了本地的集成商生态合作伙伴，形成分销商长期合作机制，核心部分由 AVEVA 团队提供，比较简单的服务和开发交给合作伙伴负责。对客户来说，服务成本会更低，服务响应会更快。

实例 4：打造人才生态圈

施耐德电气认为，只有把生态圈的能力做大做强了，业务才能够上一个台阶，跑得更远，这需要人才的配合。不只是公司内部人才，还包括分销商、客户、供应商、服务商等传统合作伙伴，以及中小企业合作伙伴；此外还有新型的互联网 IT 公司合作伙伴，甚至高校和职业院校，这是一个更广泛的人才生态圈。基于互利共赢的价值观，面对新的挑战，施耐德电气在自己成长的过程中不想把它们落下，持续做了很多赋能工作，包括培训、辅导、开设工作坊、提供咨询服务、与高校联合设立研发中心、产教融合培养产业需要的应用型人才，等等。为赋能更多的未来人才，施耐德电气还携手大学等非商业组织组织专业比赛，让学生参与到绿色创新中。

助力产业链上下游协同实现绿色减碳

施耐德电气自身的绿色数字化转型

施耐德电气身体力行，首先想方设法在自己的产品设计和工厂制造环节践行数字化绿色转型。不同行业、数据中心及工厂的配电设备差别很大。施耐德电气关注产品如何设计更合理：用更少的材料，成本更优，交期更快，运维更快速。施耐德电气通常会设计一个优化的结构提供给供应商。例如，一种名为"六氟化硫"（SF_6）的气体常常被用作中压开关设备的绝缘介质。但是"六氟化硫"的温室效应极高，约是二氧化碳的 2.4 万倍，一旦泄露或者不当处理，将会对环境温升造成负面影响。施耐德电气在中国首发的全新一代无六氟化硫（SF_6-free）中压开关设备，从设计之初就考虑到了绿色材料的使用，以无害的干燥空气代替了六氟化硫这类温室气体，从而大大降低了对环境的影响。

目前，施耐德电气自己的产品 70% 左右已经是绿色产品。施耐德电气内部员工的培训、考核、奖励都通过数字化管理，并在绿色低碳和可持续方面给予较高权重。

赋能供应商数字化改造

绿色减碳需要贯穿产品构件及其全生命周期，包括设备中的塑料件、金属件等。施耐德电气高度关注组装零部件的碳排放是否达到施耐德电气的标准和要求。

在国内，施耐德电气的上游有 1600 多家本地供应商，很多是中小企业，它们在数字化方面的能力和投资意愿参差不齐，如何帮助这些供应商共同实现产品全生命周期的减碳？

施耐德电气对供应商提供了多方面的赋能和咨询服务，包括提供技术和理念，请专家到工厂进行流程优化；建立多个平台，用数据化打通供应链，帮助供应商降低库存、增加品类和快速交付，帮助供应链企业实现数字化改造和减碳，从而提升其绿色发展水平。

例如，施耐德电气在绿色包装材料方面进行研发，向供应商提供绿色包装材料，用回收纸材替代硬塑料，帮助上下游进行包装材料绿色替代，减少拆卸活动，甚至不用工具就可以拆卸，节约时间，降低成本。

2021年，施耐德电气就在全球发起了供应商"零碳计划"，通过技术赋能和咨询，帮助全球前1000家供应商实现到2025年将运营碳排放降低50%的目标，其中就包括210家中国供应商。此外，供应商自身的减碳转型，也有助于提升竞争力，打开为其他跨国企业提供产品服务的大门。

赋能下游集成商数字化改造

施耐德电气自身直接销售的产品占20%，80%的产品通过分销商、集成商等合作伙伴出售给用户。施耐德电气与大部分下游服务商的合作时间长达三十年，如最前端的设计院，因为所有的设备最早是设计院先设计出来，包括采用什么样的设备、用什么参数和尺寸。由于传统硬件迭代升级的速度较慢，很多合作伙伴的数字化改造动力不足。施耐德电气在国内有2000多名研发工程师和300多位技术服务工程师，在确保大型项目的同时，施耐德电气更多赋能这些合作伙伴，帮助它们把客户服务好。因此，施耐德电气与下游服务商实现了数据打通，优化了互相之间的库存，实现全产业链生产、物流等流程数字化。

以电气设备分销商海得电气为例，在施耐德电气为其提供系列专业培训后，海得电气不仅提升了在数字配电领域的技术能力，同时企业自身也储备了多名数字化配电相关技术人才。最终，海得电气完成了从代理商的传统模式到数字化实施专家的转型，收获了更多商业机会，在2022年实现了15%的业务增长。

赋能工业客户数字化改造

施耐德电气构建了一个 IOT（物联网）平台，包括两部分：一部分是以智能制造为主的工业领域场景，另一部分是以绿色低碳为主的能源管理场景。施耐德电气为客户提供从硬件到软件的完整解决方案。

例如，陕西有一家公司主要做传感器，订单多、批量小。这家公司有一个令其比较苦恼的痛点：不清楚客户交货期是 7 天还是 10 天，公司希望达到 95% 的交货达标率。该公司请施耐德电气帮助提高精益生产水平。

施耐德电气告知该公司先不用上自动化设备，并给这家公司提出了三个举措。第一，指出了它的生产业务布局不合理并要求其进行改造。第二，建议公司将所有的工位安装标签，实现数据实时录入，而不是像原来那样每个工位每天填几个报表数据。第三，建议公司在工序环节安装显示屏，数据一个小时内自动显示。

6 个月后，这家公司告诉施耐德电气，这三个举措的效果明显：第一，生产线调整后，布局更合理了，同样的产能需要的面积减少了 20%；第二，效率提升非常明显，同样是这些员工，8 小时之内效率提升了 15%，相当于不用加班就多出了 15% 的产能；第三，公司原来对客户按时交货率为 50%，数据采集后的 6 个月后超过了 80%。

| 专家洞察 |

施耐德电气的价值共生与韧性成长

施耐德电气具备前瞻性的战略转型决策能力。施耐德电气以绿色和可持续发展的社会责任视角，前瞻性地从传统能源管理和工业自动化，转型到数字化和绿色服务，包括自身从产品研发设计、工艺设计、制造，到对供应商的采购和人力资源及客户服务全过程的绿色运营，以及赋能客户、供应商的数字化与绿色转型，从而推动各行业在运营成本、安全、利润和绿色降耗减碳等多方面实现改善。针对中国市场的变化，其服务的行业从房地产、基础设施建设领域，拓展到新能源、电子等先进制造领域，全面促进中国产业的转型升级。

在战略实施的策略上，施耐德电气善于打造生态圈，包括业务生态圈和人才生态圈；有明确的并购路线，围绕公司战略确定的业务转型方向，并购数字化软件等企业，扬长补短，协同赋能。

在商业模式上，与产业链生态圈中的大中小企业，形成了多样化的合作模式，包括参股、共创研发，公司内部的"金点子计划"创新项目，以及合作伙伴的创赢计划和孵化机制，从而联合更多生态力量，为中国用户提供端到端全面覆盖的整体解决方案，助力中国产业加快数字化和绿色低碳的双转型，推进高质量发展和可持续进程。

作者简介 ——————————

朱武祥
中国管理模式 50 人 + 论坛成员
清华大学经济管理学院教授

第四章

协鑫集团
共生与互利,成就国内新能源行业第一

| 企业速写 |

协鑫(集团)控股有限公司(以下简称"协鑫")是一家有着30多年历史的中国著名能源企业。1996年协鑫在江苏太仓建成了第一家民营热电厂,2006年,协鑫的热电厂已遍布全国。同年,协鑫进入光伏产业,起步就在一年时间内建成了1500吨产能的生产线,震惊业界。

据协鑫提供的资料,目前,光伏产业链从上游到下游制造环节,每个环节中国企业的竞争力都是全球最强的。截至2021年年底,整个光伏产业链上,中国在全球产值的份额占比超85%,这其中协鑫的贡献功不可没。

协鑫取得今天的成就,诠释了其"价值共生 韧性成长"的管理模式特色。

| 企业案例 |

协鑫所处的时代背景与行业趋势

"价值共生 韧性成长"的时代意义

协鑫前执行总裁胡晓艳说:"2006年以后的16年,协鑫不是单纯地为中国的能源行业做贡献,我们可以骄傲地说,我们在全球范围将绿色能源带进生活,对于全球的零碳能源、太阳能行业,有当之无愧的贡献。"

事实上,能源产业经过几个周期,经历过很多事件,包括20世纪90年代全球范围的金融风暴、2005年江苏的铁本事件、全国范围的环保风暴等。协鑫总经理指出,"企业能够涅槃重生,确实非常不容易,尤其是民营企业。我们除了进军能源,前瞻性地去做能源业最富有责任感的业务,还尊重市场,尊重常识,尊重经济发展的规律,在产业低谷期,做到价值共生、韧性成长"。

协鑫的一个重要特色就是将"价值共生"的理念置于"红色引领"之下。协鑫文化总监指出:"协鑫得以发展,红色引领很重要。红色引领不只体现在形式上,如党建活动、三会一课、建设组织支部。红色引领主要来源于企业创始人朱共山董事长。"

协鑫理解的价值共生是指将产业蛋糕越做越大,而不是最后变成独大,尤其是新能源企业存活的平均周期,要短于其他制造业企业。所以价值共生就是要改变过往的纯粹竞争关系。

落实到企业内部,协鑫理解的价值共生是指在产业经历痛点与拐点的时候,创始人身边都会聚集愿意跟着他、能帮他的人。这是创始人的情怀,他觉得由某一个人来发起产业链共生这件事情,并不是某一个人的事情，也不是协鑫的事情，他希望能够把产业上下游的人都团结到这个队列里。

企业所处行业的概貌

协鑫将重点放在了移动能源的建设上。以大货车每年消耗油料 30 吨计算，如果用油改电，它一年要消耗 20 万度电。如果通过五年乃至八年或更长时间实现 1000 万台油车换成电车，油改成电，每年可以节约 3 亿吨油。这对国家能源安全、能源依赖的压力是非常大的缓解。

从用电量计算，一辆大货车每年消耗的油量相当于 20 万度电，替换的 1000 万台车，总电量就是 20 万度 ×1000 万台车即 2 万亿度电。中国 2021 年全社会的用电量大概是 8 万亿度，如果完成电改，这额外的 2 万亿度电就等于是新增 25% 的电量。2 万亿的新增电量需求一定要靠新能源来满足，如风、光、核电，因此，移动能源的市场巨大。

新能源汽车的换电，对于协鑫有着巨大的机遇，协鑫的优势第一是电，第二是储能，例如风电是非连续性电源，一定要配以储能设施。协鑫的战略重点之一就是围绕核心不停地做延伸。

企业的核心竞争优势

截至 2022 年底，协鑫光伏电站总装机量为全球第二。协鑫在多晶硅方面也具有领先的行业地位。协鑫 2010 年研发的颗粒硅，全面改进了行业生产工艺。传统厂商每生产 1 公斤棒状硅要耗电 66 度，但生产 1 公斤颗粒硅只需耗电 14.8 度，总成本降低 30% 以上。相较于生产棒状硅，生产10万吨的颗粒硅可以减碳达500万吨。①因而，其最大的贡献是助力减碳目标的实现。

在早期研发过程中，颗粒硅的品质和传统的棒状硅有点差异，品质上差一点，现在就完全一样了，甚至还会超过棒状硅。协鑫2010年就开始做颗粒硅的研发，实际上在2016年收购美国的孟山都公司时，孟山都公司也在做颗粒硅研发。协鑫颗粒硅当时研发的方向是用于半导体、芯片，硅除了用于光伏发电，还可以用到半导体行业。由于MEMC生产的颗粒硅是用到半导体的，因此协鑫把它收购过来以后，将其专家团队、人员全部和自己的技术融合在一起。自2010年以来，协鑫的总投入近30亿元，其中不仅有对设备装备的研发，还有对很多原料的投入。颗粒硅技术构成了协鑫在行业的核心竞争优势。

企业对行业的洞察与贡献

第一，协鑫创始人、董事长朱共山较早提出平价上网理念。当时业界认为这几乎不可能，并且认为协鑫是做电站上游产品的，是自己革自己的命。

近年来，整个新能源行业的发展证明协鑫是正确的，现在不但是平价上网，甚至已经是低价上网，有的地方光电比火电的价格还低。由此可见协鑫对产业的抱负与情怀，协鑫努力把绿电做成每个人都用得起的绿电。

第二，重视科技，在行业低谷期仍坚持巨额投入。朱共山常说"我不是一个老板，我是一个科学家"。协鑫高管一致认为，朱共山

---

① 数据来源：受访企业提供。

对科技热衷、对科技关注的范围很广、理解很深、看得很远。协鑫坚持颗粒硅研发十多年，是很不容易的。不只是投入，关键是对科研的信念。在 2017 年、2018 年的时候，行业正在走下坡路，对协鑫来说也是一个低谷，还需要巨额的投入，朱共山力排众议，再难也要坚决地投下去。可见，"科技协鑫"已成为协鑫的关键共识。

第三，重视股东价值。协鑫认为做企业一定要让股东有回报，为此，协鑫系上市公司背后都有集团的大力支持。

公司战略与时俱进

企业的核心思想

第一，协鑫的价值主张"把绿色能源带进生活"是董事长朱共山经常提到的一句话，协鑫前执行总裁胡晓艳谈到，"在内蒙古，朱共山看到这么多的荒漠、这么多的空地，跟我们说，你们有没有想过，如果这条高速公路上跑的大卡车都装载着我们的电池包，如果加油站都能变成一个个大的社群，让司机能够有一个舒适的环境，老百姓的生活能够有所改变，协鑫的价值创造就体现出来了"。

在协鑫高管看来，朱共山很坦率，他希望能够用自己的微薄之力反哺老百姓，他的价值主张就是普惠的价值主张。

第二，战略定力、韧性成长。经过早年快速发展积累了大量资源的协鑫，同样面临房地产、互联网、金融等各种诱惑，正如协鑫总经理所说："市场上热点多、机会多、诱惑多。但我们坚持践行'有所为、有所不为'，坚守自己的战略。我们做绿色能源、做新能源，就是坚持选择这个主赛道，战略要坚持，文化也要坚持。"

协鑫将战略定力看作企业的元气，让每一个员工看到企业做的事情不仅仅是为了利润，让协鑫的核心团队、核心员工、管理者心里始终怀有民族的情结、行业的情结。

第三，实施"经、财、才一体化"的整体协同管理，打破部门边界，打破职能边界。在协鑫看来，企业管理流程是一个整体，单一职能分割是不行的，一定要协同管理。

第四，坚守与改变的辩证统一。对于协鑫管理层来说，这也是更大的瓶颈和挑战。员工在公司久了就可能滋生惰性和惯性，这是不好的现象。但新员工入职以后，仍然要学习并传承老员工身上的企业文化，要在坚守和改变之间找到平衡。

第五，长期导向。协鑫在企业战略运作过程中，会对年度计划、商业计划进行分解，导向非常明确，这种导向一定会考虑长远。

第六，视管理为管理人性、经营人心、平衡人情。协鑫总经理说："如果强调人性中功利的一面，可能管理见效会很快，但是它不持续。我们强调引导、激发善的能量，虽然它见效可能慢一点，但是更长久。"

企业的战略布局、规划与执行

协鑫的战略可以用科技协鑫、数字协鑫、绿色协鑫来概括，绿色协鑫指绿色能源、清洁能源、新能源是协鑫的主要业务方向。

在协鑫的整个发展历史上，只在早期创业的时候做过一些贸易、一些小的设备成套厂，之后一直坚持在能源，尤其是清洁能源这条赛道。1996年，协鑫在太仓建成了第一个热电厂。在当年，电力业务基本上是国有企业占主力，全国电力市场份额的97%以上都是国有企业占据，民营的很少，协鑫创始人敏锐地洞察到这一商机，于是在太仓建了第一个热电厂。

第一个热电厂建好以后，正逢大缺电，经济发展，能源先行，修桥、修路、基础设施建设都需要能源。协鑫建的电厂不仅仅发电，还供热。有供热以后，苏南地区的开发区就有了稳定的热源点，热源点像磁石一样把其他企业都吸引过来。所以热电业务投产以后，热电厂效益非常好。于是协鑫就像滚雪球一样快速地发展起来。2006年，协鑫的热电厂遍布长三角、珠三角和渤海湾地区，这些全是经济相对发达的地方，协鑫支持当地经济的发展，跟时代的主脉搏同频共振。

公司的转型也是在2006年，一个非常偶然的机遇，协鑫跨入光伏产业，开始多晶硅业务。但是多晶硅这个业务的原料全是来自海外，中国多晶硅的技术装备也几乎被美国、被欧洲垄断。当时协鑫多方寻找各种人才，整合各方面的资源，起步的时候就建设了1 500吨产能的项目。协鑫大概用了一年多的时间，就把这1 500吨的项目拼出来，出了产品，当时震惊全球。

产品出来以后，当年利润非常可观，1 500吨的项目投资10亿元，第一年税后利润就有10亿元。

目前，协鑫的战略主要是专精特新，规模不是协鑫的主要追求目标，协鑫希望在科技上有所进步，持续地在科技研发做投入，让企业真正具备核心竞争力。协鑫总经理指出，最重要的是公司做得强，做得有实力、有韧性，在行业低谷、在行业变化的时候能生存。

如果说绿色协鑫指的是协鑫的赛道，那么科技协鑫指的就是协鑫的发展引擎，数字协鑫指的就是协鑫对管理的期待。用数字做管理的工具，把企业的基础管理做好，用科技持续地引领企业的发展。协鑫管理层认为，只有这样企业才有长期的生命力。

在协鑫看来，对于企业来说，只有做和不做，聚焦和舍弃，一件事情要做，就一定要攻破它。

战略确定后，企业实现战略的模式，一定要结合中国社会的发展、政策的调整而做出相应调整。协鑫特别关注政府的五年规划和党的纲领性文件，对此会花精力研究吃透。

战略、模式都确定之后，战略执行上能不能有纵深，能不能打通最后一公里，这个问题非常关键，它和数字化、专业化管理有比较密切的关联。管理专业性要提升，要细致到工作会议的准备、产出高质量的会议纪要等。专业管理能力的提升一方面是持续去提升、去精进，另一方面是要有数字工具的支撑。协鑫认为，数字化转型是一定要做的，数据的完整性、系统性、精准度高至关重要。

价值共生：交互生长、生态共栖、互惠互利

第一，从内部看，协鑫给了员工充分的成长空间。多年来协鑫的企业文化最核心的就是价值创造和价值分享。新能源平台有足够的空间，有很好的事业延续性，大家在这个平台一起创造价值、分享价值，这是协鑫人一直坚持的。

企业刚成立不久，在太仓建厂的时候遇到了金融危机，这阶段协鑫涌现了很多感人故事，员工甚至把家里的存款拿出来，不计报酬地加班，全员齐心，共渡难关，协鑫终于挺了过来。之后有了利润，协鑫创始人毫不吝啬地分享，给予员工应有的回报，员工也很感恩创始人这样的付出。协鑫在薪酬待遇上在行业内是比较高的，公司效益不好的年份，降的是高管薪酬，员工薪酬基本是不动的，

这也是基层员工队伍比较稳定的原因之一。

第二，协鑫特别重视人才的成长和人才的获得感、幸福感。协鑫有一个口号："协鑫强、员工富、社会赞"，意即协鑫强了，员工要富裕，这是构成"社会赞"的基础。

协鑫很重视员工的职业发展，在太仓建立了协鑫大学，还曾经与南京大学、上海交通大学、北京大学合作进行员工培训，鼓励高管去学习。在协鑫最困难的三年里面，企业大学仍没有停摆，照常开设信息类等专业课程，得到很多进入协鑫大学学习的高管的认可。

第三，关爱工程。协鑫给员工提供了很好的福利，包括医疗保障、按摩、健身房、餐厅等。协鑫在埃塞俄比亚的工厂甚至在沙漠里种植蔬菜、瓜果。协鑫苏州工厂的食堂在苏州园区企业食堂评比中名列前茅。

第四，生态共栖。从技术开发上来看，就是充分信任研发人员。鉴于研发是一个高投入的板块，协鑫要求财务部门给研发人员提供充足的"弹药"和资源。协鑫高层完全认可研发的容错机制，现实中不可能10次研发就能获得10次成功，10次研发能成功4、5次就很不容易了。只要方向是正确的，路径是通畅的，协鑫就会持续做下去。

第五，对合作伙伴的支持。如果是研发伙伴，协鑫就从财务方面提供资源。如果是业务伙伴，则一起研究商业模式，互惠互利。

韧性成长：高韧性、逆势增长

以协鑫的核心产品颗粒硅为例，协鑫在硅料方面打破了全球对中国的封锁和垄断。之后又研发出新一代的颗粒硅，目前颗粒硅的生产用电量只有西门子法用电量的 1/3，人工成本上比西门子法节约 30%，能源消耗只有其 1/3。成本的巨额下降，又会给行业带来革命，协鑫为攻坚这项技术花费了 10 年左右的时间，投入资金 30 多亿元，持续研发、迭代、优化。

协鑫人引以为傲的协鑫黑科技，颗粒硅是其中一项，半导体硅料也是其中之一。在协鑫开始这项业务之前，中国的半导体硅料全部依赖进口。协鑫花了 7 年时间终于打破国外垄断，这 7 年中公司是持续亏损的，如果从利润上来说，那并不是成功的。

但协鑫认为，企业的高韧性只有经历行业的周期才能被证实。新能源行业变化很快，在早期又依赖于补贴，所以行业发展过程中，企业的大起大落就特别多。2008 年，协鑫准备在美国上市，不料美国出现金融危机，给上市带来很大的阻力，协鑫及时应对、及时调整，对内降成本，对外拓市场，用各种各样的方法扛过寒冬。2012 年在美国对华光伏"双反"政策下，行业陷入低谷，最惨的时候协鑫的工厂里面连车间过道都堆满产品。后来，国内出台新政策，行业触底反弹，迅速恢复到较好水平。最困难的时候协鑫每月亏损几亿元，压力非常大。2017 年协鑫债券余额 170 多亿元，到现在已经一分不少地全部还完。这些都表明韧性成长是对每一个企业的严峻考验。

管理模式的数字化转型

企业在打造数字化管理能力方面的实践

2022 年是数字协鑫的元年。数字协鑫的规划分为四层，自下而上分别是感知层、应用业务平台、业务中台与决策层。

最下层是感知层，所有的数字设备、基台等通过5G、物联网、传感器等技术设备集成在该层面，形成数据采集智能的感知平台。

在数字协鑫的规划上，企业构建了应用业务平台。该平台是以SAP为核心的业务平台，SAP承载了协鑫的核心业务。

目前，SAP没有覆盖协鑫全部业务板块，而是采用双核的模块来支撑。SAP支持着成熟的上市公司和行业企业板块，而一些快速孵化的初创公司，采用用友产品来支持。以此双核支持业务，构成了整个业务中台。

在业务中台方面，协鑫更注重数据中台的建设。协鑫将各个系统，包括主数据、规划、指标体系的构建，整合成整体的数据中台。

数字协鑫规划的顶层是决策层，利用移动互联技术，定制化地给不同的管理层、不同的业务场景、不同的业务分析推送数据，来支持每一个业务决策分析。

同时，协鑫注重打造六大数字化管理能力。

第一是业务决策能力，希望以数字业务平台，真正地为业务赋能。

第二是运营决策能力，结合数字化工厂建设，构建品质大数据，采集并整合环境数据、生产数据、原料数据，加强运营管控的能力、精细化管理的能力。

第三是组织绩效方面的能力，体现在从董事长到各级管理层对企业人才状况进行全面把握。

第四是用户服务能力，协鑫已经从原来的能源企业向多元化企业转型，用户服务能力在协鑫的发展中得到了充分体现。

第五是生态协同能力，不仅跟供应商、客户协作，协鑫还构建了与银行端的银企直联，与税务局的税务直联，与其他上下游企业数据进行打通，来构建生态协同的能力。

第六是产品创新能力，结合外部市场的情况与内部的运营情况，提供产品创新的支持。

总结来说，协鑫采用"三阶四维"的方式，完成了数字化管理模式的转型。所谓三阶就是建自己、建本源、建未来，四维即算得清、算得准、算得快、算得精。

未来展望

一方面，继续坚持自主研发的战略不动摇。没有一种能源可以像光伏能源这样通过技术进步来实现成本的大幅下降，让贵价、奢侈的能源，变成平价、低价的能源。协鑫 2009 年在徐州建设的第一个地面光伏电站是 20 兆瓦的规模，当时全球单体规模最大的光伏电站正是 20 兆瓦。当时各类补贴下来的电价是 2.15 元单瓦，[一]协鑫当时单瓦的全投资成本是 20 多元钱，单瓦的运维费用是 2 角钱。如今，大型地面光伏电站的运维费用下降到不足 2 分钱，是原来的 1/10。

协鑫单瓦的投资成本从当初的 20 多元钱变成现在的 3 元钱，而且协鑫认为现在的技术水平还没达到瓶颈，还有很大的成本下降空间。协鑫相信，光伏一定能成为人人用得起的又便宜、又清洁的能源，将为中国的能源安全做出巨大的贡献。为此，协鑫不断加大研发投入，保持每年研发经费都占销售收入的 10% 左右。

另一方面，协鑫提出在"十四五"期间，三家子公司进入世界

[一] 数据来源：受访企业提供。

500强的目标。产品确定以后,投入方向随之明确,协鑫将发展战略聚焦于颗粒硅,传统的生产线产能今后不会再增加。未来,协鑫扩大投入的都是颗粒硅的生产研发。

| 专家洞察 |

协鑫集团的价值共生与韧性成长

协鑫(集团)控股有限公司是一家以新能源、清洁能源为主,相关产业多元化发展的科技引领型综合能源龙头企业,拥有多家A股、H股上市公司,连续多年位列全球新能源500强企业前三位、中国企业500强新能源行业第一位,其战略规划是在"十四五"期间,成为拥有三家世界500强子公司的集团。

协鑫在剧变的行业周期中坚持价值共生、韧性成长。协鑫集团奉行"共生文化"与"互利文化":在行业整体下行的时候,通过延期的方法免除了下游企业数亿美元的赔偿款;在科技创新的关键时刻,集团上下曾经做到吃3(顿饭)、睡5(小时)、干16(小时)"。

协鑫集团始终把创新作为引领发展的第一动力。协鑫产品成本优势的30%来源于科技创新。

协鑫集团坚持履行社会责任。集团各项慈善捐助金额总价值2.8亿元;响应国家精准扶贫号召,积极参与光伏扶贫行动,投资建设光伏扶贫电站,使得4.2万贫困户因此受益;持续发布企业社会责任报告,2017年度企业社会责任报告获得中国社科院五星评级;集团两次获得江苏省人民政府颁发的"江苏慈善奖"。

协鑫坚持在数字化转型方面长期投入,其资金投入在民营企业中名列前茅，仅管理信息系统的建设投入就达到3亿元。通过数字协鑫规划，打造了六大管理能力，一是业务决策能力；二是运营决策能力；三是组织绩效方面能力；四是用户服务能力；五是生态协同能力；六是产品创新能力。

作者简介 ——————————

吕力
中国管理模式50人+论坛2023年度轮值主席
扬州大学教授

第五章

伽蓝集团
科技美妆企业破局，颠覆传统渠道交易模式

| 企业速写 |

伽蓝（集团）股份有限公司㊀（以下简称"伽蓝"）作为国内化妆品行业的龙头企业之一，在大众美妆，尤其是护肤品细分市场中表现不俗。光大证券《化妆品行业2022年中期投资策略》报告显示，2021年伽蓝旗下最大品牌自然堂在大众美妆行业的品牌份额为3.1%，在全部品牌中排第4位，国产品牌中排第3位；伽蓝在护肤品市场的市场份额为3.5%，在全部品牌中排第6位，在国产品牌中排第2位，在多个细分产品赛道排第1位。截至2023年，伽蓝在全国31个省、自治区、直辖市建立了各类零售网络4万多个，覆盖全国县以上各级城市，在百货商场、KA卖场（重点销售终端平台）、超市、美妆店等多个渠道均设有品牌专柜，进驻了所有线上销售平台，拥有员工近8 000人，是中国市场份额、消费者口碑与社会影

㊀ 2024年1月，"伽蓝（集团）股份有限公司"正式更名为"上海自然堂集团有限公司"。

响力俱佳的行业领跑者。

| 企业案例 |

2020年年初，新冠疫情暴发，阻断了中国化妆品领军企业伽蓝线下渠道长达两个月之久。传统销售模式的各类弊端被放大，伽蓝的经营陷入困境。为了引领企业走出这个困境，伽蓝集团董事长兼总裁郑春颖顶着内外部极大的压力，推动集团实施以"一盘货"模式为核心的全方位数字化转型，与价值链伙伴实现"价值共生，韧性成长"。经过三年夜以继日的奋斗，伽蓝的数字化转型已取得阶段性成功，成为一家数字化驱动的生物科技美妆企业。

内外部冲击带来全新挑战

当下，能够实现"价值共生，韧性成长"对于国产化妆品品牌的持续发展具有重要意义。一方面，随着新生代消费者逐渐成为化妆品消费主要群体，及国内全渠道数字营销的蓬勃发展，国产化妆品品牌迎来了全新的增长机会。国家统计局数据显示，2021年我国化妆品零售额为4 026亿元，同比增长14%。其中，国内行业龙头企业的化妆品业务，均取得了远超市场平均水平的增长。

2021年国产品牌取得新增长机会的重要原因在于：第一，主力消费群体更加追求个性化、高品质的产品和消费体验，使得化妆品市场细分程度不断加深，国产品牌拥有了在细分市场与国际大品牌竞争的机会；第二，国内数字营销呈全渠道发展趋势，涌现出多种与消费者互动的新玩法，国外品牌在这种新营销模式中表现出"水土不服"，国产品牌则呈现出较好的适应性。为把握新的增长机会，企业需要能够与多终端、多渠道的合作伙伴形成合力，精准掌握消费者个性化的需求，找准新的价值增长点。取得新机遇的同时，宏观经济增速趋缓，消费降级等原因导致终端消费疲软，对全行业造成了不可避免的冲击，为国产品牌带来了新的挑战，企业需具备在受到外部冲击后能够快速恢复增长的韧性。

面对新的机遇和挑战，伽蓝集团董事长兼总裁郑春颖发现，传统渠道分销模式使品牌方难以准确洞察和及时响应消费者需求，是伽蓝实现"价值共生，韧性成长"的主要阻碍。创业以来，伽蓝的成功曾经依赖传统的分销渠道，这张大网帮助伽蓝建立起了4万多个直接面对消费者的零售窗口。前期，依靠代理商、代理商分销给零售商的传统模式，伽蓝和代理商都取得了不错的收益。然而伴随时间的推移，快速变化的环境下孕育着危机，传统渠道分销模式的弊端开始逐渐显现。原本巨大的渠道网络变得臃肿低效，瓶颈逐渐凸显。郑春颖说道："最初我们推出新品时铺货到终端大概只需要一个月左右，而到了2019年，我们竟然需要五六个月的时间。"在伽蓝、代理商、零售商形成的多级网络中，每一个环节都堆积了大量的库存，带来巨大的仓储成本。这种低效的渠道分销模式严重损害了渠道内成员的利益。

对于零售商，作为面对消费者的桥头堡，其最为核心的目标是向消费者销售尽可能多的商品。由于化妆品特殊的商品属性，效期长短成为消费者是否愿意买单的关键，郑春颖说道："化妆品在市场上只能流通一年多，过了三分之一的效期，这个产品就卖不动了。"然而，低效的渠道使品牌无法实现快速铺货，商品迟迟不能交付到零售商手中，留给他们的最佳销售时长锐减，导致商品无法在最佳效期内出售，影响了业绩增长。由于缺乏对整体消费者需求和市场的认知，零售商的进货只能靠日常经验积累，这使他们既不敢进太多，也不能进太少。此外，由于多级渠道网络的掣肘，零售商无法直接接触品牌商伽蓝的营销优惠政策，只能受制于代理商，无法灵活展开促销和营销活动。因此，即使处于距离消费者最近的销售一线，零售商也很难采取有效措施提升销售效率和消费者体验。

对于代理商，在传统的模式下，品牌方通过"分销"模式与代理商交易，代理商需付出较大的资金和库存成本，代理商反映甚至有的时候会积累"超过9个月的库存"。此外，代理商还需要将货销售给零售商，若赶上市场需求疲软或零售商过于强势拖欠货款，货款就无法顺利回收，造成代理商现金流吃紧，影响整体运营。正如代理商抱怨的"一来一去，一年的资金全在周转上了"。

对于品牌方，由于经营管理的范围仅能触达代理商，伽蓝无法对零售商进行有效的管理。与消费者直接接触的零售一线战场成了伽蓝的盲区，导致伽蓝无法深入开展以消费者为中心的价值创造。消费者喜欢什么产品、喜欢什么类型的服务伽蓝都难以精准洞察，遑论为终端零售商设计精准的营销政策提供支持，这导致全国各地区的零售终端在服务水平、经营理念等方面存在较大差距，消费者难以获得始终如一的消费体验，消费者对品牌的忠诚度亟待提升。郑春颖认为："数字化变革已经成为企业面向未来的必选项，进行数字化转型已迫在眉睫了。如果不转型，结果不是消费者离你而去，而是你离消费者而去。"

传统的渠道模式下，库存、物流等环节的低效率，滋生了代理商窜货、乱价等危害渠道健康的不良行为，扰乱了伽蓝产品的价格体系和分销体系，降低了品牌价值，严重影响了企业信誉和市场秩序。这些问题逐渐让郑春颖感到不安,他认为如果不从根本上改变与消费者的互动方式及对渠道货物的管理方式,构建基于数字技术的健康渠道生态,伽蓝是无法在数字经济时代获得长远发展的,他开始思索如何破局。

企业核心价值观及数字化转型战略

为在竞争激烈的化妆品市场站稳脚跟,郑春颖提出了企业的愿景——致力于成为可持续发展的、具有稳定的成长性和盈利能力的、富有社会责任感的世界级消费品企业。为达成这一愿景,伽蓝坚守着"合作共赢、创新突破、客户至上、诚信负责"的核心价值观和"可持续发展"的经营理念,并以此作为公司发展的内在动力,他认为:"只有为内部员工、上下游客户、消费者提供价值,为社会做出贡献,才能实现'共同富裕''共享发展'。"

在核心价值观及经营理念的指导下,面对数字化浪潮的冲击,郑春颖不断探索着破解困局的最优路径。首先改变的是他本人。最初,郑春颖可谓一个数字化的"门外汉",不仅对数字化不感冒,甚至还有些排斥:"三四年前的时候,其实很多数字化的东西(工具)我都是不用的,也不了解。当时我连线上购物都不接受,我心里对这些东西是不喜欢的。像微信红包之类的玩法,我可能都是我们公司最晚学会的。"但当意识到外界环境已经发生巨大的变革,数据价值逐渐成为企业的核心竞争优势,消费者行为已逐渐被数字技术重塑时,郑春颖越发重视对数字化知识的学习,他认为作为企业的一把手,绝不能成为企业发展的天花板:"作为企业的创始人,如果还想带着企业继续往前走,一定要跟上。"于是,他开始全面细化数字化学习:"我想尽办法学习数字化,能用数字化手段解决的,能下载的软件我都下载了,网购、叫车、点外卖、买票我都自己试着操作。在这个过程中我有了很多感悟,比如必须从用户思维出发。"值得一提的是郑春颖的学习是带着企业发展目标的学习。他说道:"我有意地去学这些,并且结合我们自身的业务做一些联想。"经过长时间的、广泛的以用户视角体验、学习和深度的思考,郑春颖逐渐成为集团数字化的"领头羊"。

随着对数字化知识学习和思考的不断深入,郑春颖心中对于集团数字化转型的战略构想逐渐清晰。阻碍伽蓝实现"价值共生,韧性成长"的最重要因素为渠道效率低下。在学习其他企业数字化转型先进经验的过程中,他了解到美的集团采用的"一盘货"模式有解决渠道效率低下问题的潜力。美的集团的"一盘货"模式,是将代理商的货物集中存放在集中的仓库中并统一管理和配送,极大地提升了仓储效率及配送效率。郑春颖认为美的集团"一盘货"设计的整合性不够:"它其实是找了一个物流商,帮它把代理商的货放在了仓库里面管理,货还是代理商的货——A 代理商一堆、B 代理商一堆。"但他仍大受启发,从伽蓝的特点出发,构想出了全球首创的"新一盘货"模式。

在伽蓝的"新一盘货"模式中,代理商不再有自己的实体仓库,全国范围内全部的库存由伽蓝统一管理,货物并没有被贴上属于"某一代理商"的标签,实现了真正的全国"一盘货"。

然而,一盘货模式的实施却并没有想象中那么顺利,集团内外均发出了反对的声音:"一提起来这事大家都担心客户、担心渠道、担心管控,各种各样的担心非常多。"郑春颖没有盲目地强推,他意识到时机或许还没有成熟,要慢慢地改变大家的认知:"我跟我们的管理团队,每年做年度计划的时候,都提到这个事,要不要做一盘货?"连续三年时间,潜移默化地,大家的想法开始慢慢发生改变。新冠疫情的到来为一盘货项目的开展及数字化转型战略的落地添了一把柴火。疫情对市场巨大的打击让大部分的员工不知所措,代理商望着手里巨量的库存更是心如死灰。郑春颖抖擞精神,抓住机会,在危机中将自身的领导力展现得淋漓尽致,不仅立刻重新将一盘货项目提上日程,还以身作则、鼓舞士气、凝聚力量,临危不惧积极地推动企业的数字化转型:"那个时候我打起精神,基本上每天线上开会,强调要创新,要做过去不敢做、不能做的事情,要采用颠覆性的方法,要实现数字化。"

在推行数字化转型的过程中,集团内外数字化思维的转变和达成数字化建设的共识是重中之重。郑春颖强调:"这是非常重要的铺垫工作,我们无法在一个数字化思维贫瘠的土壤上种出数字化的果实。"在阿里团队的帮助下,伽蓝对内部管理团队开展多次培训,以转变管理层和核心岗位人员的数字化思维与认知,为开展后续工作打好基础。思想达成一致后,伽蓝又花了很长时间来讨论究竟要如何实现数字化转型。郑春颖带领高管层从顶层设计数字化转型战略,明晰制度、流程、人员、业务、架构等方方面面的变革方向和内容,设计新的商业模式。高管层初步确定了战略规划后,他开始向中层及业务人员渗透转型思路,明确变革细节,"不仅每周要参与2次正常例会,我还要花很多时间在业务模式创新上,因为有很多业务模式创新意见仅靠基层团队是提不出来的,只有最全面了解企业的人才可以"。与此同时,伽蓝的代理商们也没有从疫情的打击中缓过气来,郑春颖通过一次又一次沟通、一次次展现伽蓝"合作共赢"的原则,积极扶持线下渠道合作伙伴,表达自己"负重前行"帮其渡过难关的思想,并在优惠政策和结算政策等方面做出让步。半推半就之下大部分的代理商均同意进行改革。

终于,在2020年伽蓝集团"科技伽蓝,奋斗时代"的年会上,面对消费者的转变以及极具变化的外部环境,郑春颖提出了伽蓝数字化转型的目标:"伽蓝要向高科技型美妆企业发展,在研发、制造、零售、客服、运营、形象各方面全面数字化。"为此,集团主要围绕着两大主线发力:一是产品科技,二是数字科技。随后提出了将以一盘货模式为抓手,全力推动集团数字化转型战略的落地,力求实现业务在线化、数字运营化和营销智能化,推动集团转型为数字化驱动的生物科技美妆企业。

关键转型举措与实施

在企业核心价值观的引领下,伽蓝进一步确立"利他共赢、主动求变、相信数据"的数字化时代三大转型原则,以渠道交易创新业务"一盘货"为切入点,形成"业务模式创新+IT技术实现+制度保障"三轮驱动的转型方法论,全力推动与市场环境相适应的企业内部和产业生态圈的全方位数字化转型,实现"价值共生,韧性成长"。

首先是业务模式创新。一盘货的核心逻辑在于对销售渠道进行重新整合,将线上线下所有商品库存放在一盘棋里进行布局,打通所有销售渠道,以实现对全渠道产品进行统一管理、统一分配。

2020年7~9月,短短73天内,伽蓝在多地多次召开代理商论坛等活动,提出一盘货新模式(见图5-1),并获得了代理商的积极响应。在代理商的支持下,2020年9月21日,伽蓝启动了一盘货的第一个仓——西安仓,并一口气在69天内启动了其余的13个仓。这些举措使得代理商的进货不再进入代理商自己的仓库里,而是进入了集团的分仓里,实现了"账实分离"。具体而言,当代理商向伽蓝订货交易时,账面和系统逻辑中该批货物的所有权已交接给代理商,而货物的实物仍放置在集团分仓中,由集团委托第三方物流公司顺丰代为管理、配送给相应的门店或消费者。伽蓝在全国设置的14个分仓将分散在全国各地仓库的货物统一起来,实现了各渠道库存统仓统配和可视化经营。"我们可以合理生产,合理库存。"也就是说,伽蓝可以通过往期交易数据科学计算当期库存需求,科学分配库存,代理商按需进货。一盘货系统使得原来的177盘货变成了14盘货,挤出了31%的渠道库存水分,缩短41%的库存天数。这也极大体现了与美的一盘货模式的不同。

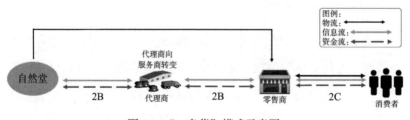

图5-1 "一盘货"模式示意图

资料来源:受访企业提供。

其次是IT技术实现。作为数字化转型的重要抓手,"一盘货"模式不仅促成了仓储物流方式的改变,更促成了营销模式和管理模式的转型,这离不开数字技术的支持。伽蓝与软件供应商云徙科技紧密共建了业务中台,该系统由3+N+1架构组成,3个应用系统分别是营销政策管理系统、订单管理系统及库存管理系统,该系统还包括N个后台管理中心、1套云平台IT基础设施以及连接各前端的操作系统。

具体而言，订单管理系统不仅可以将伽蓝在美妆店、KA卖场、天猫超市等渠道的交易数据打通，覆盖原先在顺丰订单管理系统上的交易，还可以将集团最迫切解决的数据孤岛打通，也就是代理商与集团、代理商与零售商、代理商与客户的交易订单均由该系统统一处理，有助于企业实现主数据、订单交易等数据实时更新，进而帮助伽蓝实现渠道下沉。集团借此不仅能够掌握代理商的营销数据，还能掌握终端零售商的销售数据。

营销政策管理系统在获取全链路、全渠道订单数据的基础上，结合后台算法和营销活动实现订单与政策的匹配，并统计相应的返利，实现结算政策与营销政策的数据透明、实时更新。数字化产品运营的员工介绍道："公众号、小程序、企业微信、云店系统，还有一盘货系统本身，每个零售终端上都会有新的产品、优惠政策的展示……后台可以看到零售商的浏览数据，确保信息传达……零售商在一盘货系统上向代理商订货，订货信息流同时到达伽蓝分仓，分仓会把赠品和货物一起发给零售商，同时完成线上自动记账。"通过这种模式，伽蓝清楚地明确了营销赠品的数据流向。营销政策管理系统还可以与数据中台结合，为每一个零售门店精准"画像"定位，提供更灵活、更精准的营销政策，实现真正的"一店一策"。

库存管理系统是三大系统中逻辑最复杂的部分，云徙的业务架构师坦言："因为伽蓝要实现账实分离，这其中会涉及更多层的仓库逻辑，这和以往传统的供应链仓库管理逻辑有很大区别。"传统的供应链管理账实是一致的，即物理仓和逻辑仓之间的数据是始终吻合的，因此企业只需管理好物理仓或逻辑仓就足够了。然而，伽蓝的物理仓与逻辑仓并不一一对应。由于伽蓝将货物收回分仓，在此基础上的库存管理系统又被称为"云仓"系统。此时实际仓库中的货物数量与云仓中的数据是分离的，即两者之间并不存在一一对应的关系。具体而言，业务架构师解释："我们搭建了云仓（云上仓库），云仓就用来记录伽蓝、代理商、零售商的账面货权。还有一个物理库存，跟线下库存数据对应……通过统仓、统配来做到渠道库存的统一管理，代理商进货的时候，我们只是在云仓里做这个账，比如代理商进100万的货，那就在云仓里记100万给他。但是实物并没有发给代理商。"伽蓝营运部总监解释道："只有零售门店说进货的时候，我们才会把货发给零售门店，让零售门店去销售给终端消费者，然后在云仓里把代理商和零售商的账面同步。"故云仓负责记录账面上的仓储逻辑，物理仓负责实际仓库的仓储逻辑，两者并不简单对应，挤出了实际仓储的库存水分。通过账实分离这一设计，伽蓝能够在更大程度上实现库存的灵活调配，减少仓储面积的同时提高了生产运营效率。

　　灵活的订单管理系统、营销政策管理系统和库存管理系统三者互相连接，每一笔交易发生时，其涉及的库存分配和赠品政策均能实时联动，完成上下游系统对接，提升了伽蓝整体的订单处理效率。在搭建全国分仓的基础上，业务中台能够进一步实现根据各渠道动销数据分配库存，将货物分配给需要的渠道，实现库存共享。

　　除了支撑一盘货模式的业务中台外，伽蓝还与阿里合作搭建了数据中台，该系统能够将业务中台所采集的各渠道数据作为原材料，通过算法和模型对数据进行调用、加工、运算，处理后的数据可以为各渠道营销和销售业务提供数据洞察和决策支持，从而实现数据价值变现。另外，为有效地赋能零售门店，伽蓝为终端门店上线了云店系统，实现线下互联网化。该系统与营销政策管理系统、数据中台相联通，可以反向指导门店制定营销策略，从而实现"千店千策":"在大学城周边的门店,受众多为学生群体,他们对护肤品的需求更多是爽肤水,保湿以及简单的修护,基于此,门店推出一些到店体验刷酸面膜和冰肌水等活动,引流效果就会更好;而对于处在居民区的门店,它们面对的消费者更多是熟龄肌肤,更多消费者更愿意到门店来咨询、体验,产品方面也会主打抗初老系列产品。"

最后是制度保障。在一盘货模式落地的过程中,制度保障是最坚实的基础,通过对组织架构、业务流程、考核标准等方面的调整,达成了与新的业务模式及 IT 技术相匹配,进而促进数字化转型。伽蓝营运部总监回忆:"项目初期,我们发现集团内部原有的部门边界很模糊,相关的商品、库存、订单等主数据也多散落在不同的业务部门,难以整合全渠道数据。新的流程出现后,这种模糊感更强了,所以必须要重塑组织,重塑流程。"为了克服重重难关,集团总裁郑春颖亲自出马,深度参与每一周的一盘货项目 2 次会议和自然堂事业部的 2 次例会,从细节出发,解决不同业务部门之间需求可能存在的边界不明晰、交叉问题。郑春颖表示:"我从用户需求出发,告诉他们这个系统应该如何设计、这个部门职能应该如何调整。"有了一把手带动,整个伽蓝上上下下都对一盘货项目和数字化转型十分重视,各部门通力合作,对组织内部架构和权责重新设计,逐渐调整为前中后台组织。其中,集团营运部围绕一盘货系统进行了职能设计,包括系统的运维、订单的管理、看板数据的整理和运用等。将以往不同业务部门的交叉职能统一交由营运部管理,从而明晰业务部门的职能,提高工作效率。而营运部也能够在一盘货基础上针对不同业务部门的需求进行系统功能的进一步修改,使系统能够与企业运作更为匹配。"营运部更像是集团中的

'八爪鱼'，我们和每个核心部门都有很多联系。"营运部总监解释。另外，原有的供应链计划部、物流部以及其他事业部职能也发生了很大的调整。围绕着一盘货模式，伽蓝逐渐调整现有的人员编制、职责分工以及考核评估流程等，为数字化转型提供了配套的制度。

得益于"业务模式创新+IT技术实现+制度保障"三轮驱动的转型方法论，伽蓝一盘货模式的效果也在不断带动中开始显现，为集团带动产业生态圈的全方位数字化转型搭建了坚实的基础。

带动产业生态圈价值共生

在一盘货模式的基础上，伽蓝围绕着"数字共生"的转型理念开展了对上下游合作伙伴的赋能，带动产业生态圈共同搭上数字化转型的"顺风车"，实现了高速增长。

基于集团内部转型取得的阶段性成效，伽蓝将自身经验整合打包，为供应商、代理商和零售商提供数字化思维、知识、工具和方法四方面的赋能。郑春颖深知"很多合作伙伴不愿意转型，思维跟不上"，所以他与集团高管在各级别的供应商和代理商大会上向合作伙伴们宣传数字化转型的必要性和迫切性，并且在开发系统和设计新业务模式过程中都会优先考虑它们的价值诉求，合作伙伴们逐渐相信数字化转型并认可和配合各类转型举措的开展。其中，代理商是思维最顽固的一派，由于代理商仓库中的货物已转移到伽蓝的分仓中，不再承担物流职能，大多代理商一时之间适应不了，失去了安全感，觉得"改变业务重心，我们的利益受到严重危害，之后不知道做什么了"。由于大部分代理商都与伽蓝维持了十年以上的合作关系，秉承着"数字共生"和"利他共赢"的思想，伽蓝并没有将代理商踢出游戏实现"去中介化"，而是为代理商提供了转型的方向——成为数字零售服务商，郑春颖解释："所谓数字零售服务商（指代理商公司），首先要熟悉所有数字化零售系统和一盘货系统，成为最熟悉、最了解系统的组织，然后由它们去辅导、教授零售客户使用这些系统，实现零售目标，把工作重心转为满足多场景、多前端的零售需求……我们的工作都以零售端为主，零售有什么需求，反映给代理商来解决。"伽蓝首先从局部试点开始，作为第一批试点代理商，唐山宏祥的库房面积由 3 000 平方米减至 1 000 平方米以内，物流员工数量相应缩减……一方面继续负责终端零售管理工作，另一方面提供线下数字化运营服务，包括安装系统上线、运营、运维系统工作等。看到试点企业的成功，越来越多代理商逐渐转变态度，伽蓝得以整体推进代理商的转型。

在攻克思维模式的难关后，伽蓝开设了数智零售班，专门为供应商、代理商和零售商集中培训数字化工具的应用方法与营销的技巧。通过让不同地区的代理商、零售商面对面地交流和沟通，竟激发出了营销模式创新，取得了出奇的效果："首先大家都要互相信任，要拉通理念，花一两天时间，一旦拉通以后会发现速度很快，形成的方案甚至会完全超越以前的方案，最后可能半天、一天就能够形成一个非常有效的方案。"

伽蓝还为代理商、零售商提供了驻场的培训团队，在实际业务流程中帮助其巩固学习成果。借助伽蓝和代理商两级赋能，零售商也逐渐告别"坐商"，向数字化零售商转型，不仅可以实现全业务流程的数字化，提高管理效率，还可以利用数据看板敏捷地捕捉消费者需求，开展符合营销环境的个性化营销活动，实现精准营销。

销售人员也转型为服务客户的"店小二",从以前的推政策、压进货、收回款,转变为提供数字化服务,如工具地推、活动迈进、数字赋能、数字管理等。

比如云店系统包含了10个主要功能,分别是同时支持线上线下的在线(扫码)销售,基于一瓶一码技术的扫暗码赢红包、会员积分,在会员积分基础上的BA积分、积分兑换、会员绑卡、直播,以及能够快速匹配政策上线的营销玩法、在线收银和店务管理。这些功能覆盖了终端零售门店的经营全流程,真正将单一的传统门店,升级为"线上云店+线下实体门店"的超级门店。随着代理商们逐渐适应现如今的业务模式,伽蓝又为它们提供了进一步转型的良机——成为集团平台的代理商,代理伽蓝的全线品牌。为它们提供数字化供应链营运平台,满足配套的资金需求,降低了代理商的营运难度和人力成本,并建立新的经营收益评价标准。这一举措很快受到广泛认同,2022年初已有19家集团级代理商"上线"。

除了传统的分销渠道外,对于商超专柜这类已运营了13年的宝贵渠道,郑春颖也想到了转型对策——将原本由品牌和代理商协同管理的商超专柜的部分经营权限开放给BA(专柜的美容顾问)或外部创业者,充分调动增长内驱力,从而实现伽蓝、代理商和合伙人的三方共赢。商超合伙人专柜的新模式不同于传统的自营柜台经营模式,新模式下,品牌、代理商、零售商三方职能被重新规划。公开资料介绍:"伽蓝提供促销赠品、会员兑换服务、配送到柜、柜台核销等多元化支持;代理商则转型为数字化运营服务商,负责商务谈判、转制签约、发展合伙人并给予货品和资金支持;终端BA转型为专柜合伙人,负责专柜经营、服务顾客等。"商超专柜转型的核心正是强调共创、共享、共担、共赢，这也是伽蓝数字化转型原则的体现。2022年底，伽蓝已全部完成销售合伙人转型，776个专柜新模式销售占比达65%。

对于上游的原材料供应商，伽蓝将采购管理上升到战略性高度来考虑，贯彻着"可持续发展"的合作理念，履行社会责任，帮扶了一批本土的供应商，"这些本土的供应商在疫情期间也给原材料供应吃了'定心丸'……"供应链副总裁感叹道。此外，伽蓝也坚持着"合作共赢"的采购文化，与本土供应商合作研发并发布了多项成果，伽蓝与本土供应商协同创新的比例达50%，进一步巩固了双方友好的合作关系。

共渡难关韧性成长

面对全国疫情的冲击，尤其是2022年的疫情，身处其中的伽蓝在危机前展现了强大的韧性。秉持着"可持续发展"的经营理念，伽蓝内部成立了由董事长郑春颖领导的战略疫情指挥部，组织协调生产、销售、物流、员工生活保障等工作，帮助员工保持良好心态，高效率工作。"疫情最严重时，我们安排近50%的员工居家办公。"伽蓝集团副总裁李敏回忆。为了保障所有居家员工的生活，集团动用所有的力量组成了"内部快递小部队"，不仅内部"伽人"们用私家车辆为员工点对点送上物资，合作伙伴们也从离上海最近的嘉兴仓为居家办工的员工提供生活物资，为伽蓝工厂的生产提供原材料供应，解决产成品的运输难题。研发中心总经理与几十名员工更是直接住到了研发中心里："我们住在实验室里，不耽误实验进程……集团方面也给了我们很多的支持，并不觉得很苦。"正是他们的"负重前行",确保了集团各品牌新品上市项目顺利进行。

数字化转型在抗疫中功不可没。得益于"一盘货""一件代发"等创新的业务模式,即便是2022年疫情最严重的时期,伽蓝仍然能够从全国11个分仓之间进行库存调配,确保疫情期间对消费者的供应保障,缓解可能危害产业生态圈发展的供应链中断等问题。伽蓝副总裁李敏提到:"疫情期间,我们对于库存有了新的理解。原先我们的思路一直是减库存,降低成本,现在反而会适当留出一部分库存用于应对突发事件。"面对41家(全国12%)代理商、2 570家零售商居家办理业务,以及44%供应商停产的困境,伽蓝专门向代理商和供应商提供符合当下需要的运营管理方案,如增加云店线下直播场次、缩减账期等。集团为零售商铺设的云店系统,在疫情影响最严重的两个月内做了53场专场直播,帮助客户闭店不停业,维持业务运营。另外,出乎意料却又在情理之中,伽蓝缩减了30天的供应商账期:"我们明白这个时期所有企业都很难,相比供应商,大集团的资金压力和资金成本稍微小些……都是为了'合作共赢'。"2023年一开年伽蓝第二次缩减了15~30天的供应商账期,经过两次缩减,伽蓝供应商的结算账期大大缩短。这些举措帮助合作伙伴们顺利挺过难关,提升了产业链的韧性。

转型成果与未来展望

伽蓝集团在"利他共赢"价值观的驱动下,携手生态圈合作伙伴一起开展以一盘货为核心的组织与产业链重构以及商业模式创新。目前已取得阶段性成功,伽蓝及其生态圈合作伙伴收益实现显著增长,在日常运营、物流配送等方面的敏捷性得到显著提升。

1. 品牌方伽蓝转型后的成果

通过数字化手段，伽蓝不仅显著提高了渠道内库存管理和物流运输的效率，同时优化了渠道秩序的管理，实现了以消费者为中心的营销创新。

渠道库存整体下降了近 16 亿元。副总裁李敏说道："下降的这价值 16 亿元的库存主要释放的是代理商的库存，伽蓝自己也减少了一部分，零售商也减少了，这是非常大的流动资金的释放。"能够实现如此大幅度的库存下降，得益于一盘货系统的建设。李敏认为："大家所有的产品库存放在一起的时候，肯定就能体现出来效率协同性。"此外，一盘货系统中"账实分离"的设计也是库存降低的重要原因。物理仓和逻辑仓的分离，使得伽蓝无须完全按照代理商订货预测单备货，物理库存比云仓的库存低了约 2/3 的量，显著降低了实物库存。

物流效率提升，新产品铺货到终端的周期由 5～6 个月缩短至 2 周。货品由伽蓝统一管理，并与顺丰合作统一配送，显著提高了物流的效率；2023 年，平台订单的平均处理时间缩减至 2 小时，从零售商在伽蓝打造的终端平台下单，到伽蓝配送至终端，平均仅需 45 个小时，可以实现这个配送效率的门店数在全国达到了 16 000 家。库存和物流效率的提升，在大促活动中更为显著，2021 年"双 11"代理商的出库量同比增加了 70%。㊀

渠道秩序显著加强，渠道内窜货、乱价现象大幅好转。在一盘货系统下，伽蓝对货物进行集中管理，规范了代理商的销售行为。第一，系统可记录代理商的交易对象。若发生渠道窜货现象，伽蓝

㊀ 数据来源：伽蓝集团提供。

可通过系统进行监测识别。第二，渠道内货品价格由集团统一确定，并在系统内固定。曾经有些代理商，迫于短期的资金压力，会以比正常低5个点的价格，将货卖给批发商。批发商又以低价卖给零售商，若数量多，就会迫使该渠道内其他代理商也降价销售，整体上压缩渠道的利润。一盘货系统上线后，代理商需在系统上完成交易，价格是不可变化的，显著降低了这种情况发生的可能性。

实现以消费者为中心的数字化营销。首先，货政分离的政策使得伽蓝可以在集团层面制定营销政策，可以根据市场反馈快速制定营销政策，快速响应市场变化。其次，针对不同类型的门店制定不同的营销政策。伽蓝已经可以做到对十种以内不同类型的客户需求进行定制，未来的目标是实现"千店千面"。最后，云店系统上线，使得伽蓝建立了与零售端的直接连接。零售部门经理介绍："我们（的云店系统）首先选择从 CS 美妆店（化妆品集合店）渠道做起，目前（2023年）我们已经有上万家门店上线了。"这些零售端是直接与消费者打交道的一线，也是能够实现伽蓝为消费者提供"有温度的服务"目标的重要抓手。

2. 代理商端转型后的成果

代理商在转型后首先释放了资金和自建存储物流能力的压力。一盘货系统的上线，使得代理商进货时长由7天变成了1秒，代理商无须提前大量购进待销货物。此外，实物库存统一存储在伽蓝的仓库中，代理商无须自建仓库和自寻物流，减少了资金占用。"集团级代理商"河北晨龙华妆实业有限公司的总经理高兴地赞叹道："晨龙自实施一盘货系统后，公司库房的面积由 6 400 多平方米缩减到 1 000 多平方米，仓储人员也由 40 人缩减至 4 人，极大地提高了公司的运营效率。"随着渠道秩序的建立，窜货、乱价行为得以消除，代理商平均利润获得了提升，总体代理商的利润上升了 3～5 个点。

3. 零售商端转型后的成果

转型后零售商实现了经营效率的提升，并实现了显著的收益增长。首先，提效主要体现在订货和拿货的便捷性以及速度的显著提升。零售商可通过 B2B 商城线上下订单，约 36 小时即可拿到货，增加了进货的弹性。其次，零售商及零售商员工实现了显著的收益增长。借助云店的一系列数字化工具，及伽蓝数字化零售运营部为其赋能的数字化运营知识、思维和方法，零售商从"坐商"变成了能够主动赋能 3～5 公里范围内消费者的数字零售商，开始利用公域流量拉新，同时做私域流量的运营，强化对内的学习服务，做有温度的运营，实现了收益的显著提升。此外，零售门店内的导购收入获得了提升。2022 年"双 11"期间，伽蓝为美妆店开设的直播间实现总零售额 1.23 亿元，店单产近 2 万元，引流新客超过 60%，且最高单店单产 122 万元；商超专柜直播间的零售总额则达到了近 1 亿元，直播客单价高达 769 元，购买人数超 20 万人。㊀

对比数字化转型之前的 2019 年，2022 年伽蓝已交上了满意的答卷，数字化营收占比 98.8%，同比增长 50.8%，数字化零售占总零售额的 67.1%，同比增长 105.7%，数据库人群资产总数超过 9.6 亿元，"会员＋潜客"总数达 8 688 万人；数字化已贯穿了经营管理全链路，终端网络在线率达 96%，BA 在线率超过 80%。㊁ 伽蓝已实现真正意义上的全域数字化。正如郑春颖董事长在 2023 年年

㊀ 数据来源：伽蓝集团提供。

㊁ 数据来源：伽蓝集团提供。

初伽蓝集团"勇者 2023"年会所言,"数字驱动,效率为王"。下一步,伽蓝将深耕哪些步骤以做出更大的变革创新?如何既保证销量又保证质量?如何持续创造用户价值?供应商、代理商、零售商将在伽蓝的带领下走向何处?

| 专家洞察 |

伽蓝集团的价值共生与韧性成长

伽蓝是一家集研发、生产、销售、服务于一体的中国化妆品集团企业。2020 年新冠疫情暴发后,伽蓝把危机化为数字化转型的动力和机遇,在"利他共赢"价值观的驱动下,携手生态圈合作伙伴一起开展的以"一盘货"为核心的组织与产业链重构,以及商业模式创新,已取得阶段性成功。伽蓝及其生态圈合作伙伴收益实现显著增长,在日常运营、物流配送等方面的敏捷性得到显著提升。

伽蓝转型所形成的创新性管理模式,充分体现了"价值共生,韧性成长"的特征。伽蓝的创始人兼董事长郑春颖以"合作共赢、创新突破、客户至上、诚信负责"的核心价值观为指导,亲自操盘一盘货战略的制定和落地,构建科学高效的科学管理体系,又搭建了全面的可持续发展模型以形成转型合力,推动集团转型为数字化驱动的生物科技美妆企业。

在强价值观的引领下,伽蓝进一步确立"利他共赢、主动求变、相信数据"的转型原则,并全力推动与市场环境相适应的企业内部和产业生态圈的全方位数字化转型,形成"业务模式创新 + IT 技术实现 + 制度保障"的三轮驱动转型方法论。

价值共生

伽蓝与生态合作伙伴利用一盘货、商超专柜转型等商业模式创新，以及业务中台、云店等数字技术应用，全面重构了产业架构、企业文化、业务流程等。同时，伽蓝牢铸与合作伙伴的紧密伙伴关系，为供应商、代理商和经销商在数字化思维、知识、工具和方法方面赋能，助力其向数字化服务商转型并共同赋能终端，符合"数字共生"的转型理念。

"数字共生"体现在疫情期间为员工提供生活物资、大幅缩减供应商的账期，为经销商提供数字化工具和培训，向合作伙伴提供符合当下需要的运营管理方案，促进其运营管理韧性的提升等各方面。

韧性成长

面对疫情的冲击，伽蓝展现了强大的韧性：不仅各品牌新品的研发工作顺利开展，就连疫情期间的商品供应也畅通无阻。

一盘货、一件代发等创新的业务模式实现了对库存的灵活调配，缓解了可能危害生态圈发展的供应链中断等问题。这不仅显著提高了渠道内库存管理和物流运输的效率，挤出近34%的库存水分，也实现了销售增长和盈利能力的提升。生态合作伙伴的收益也呈现明显的增长，代理商总体利润上升3～5个点，零售商引流新客超过60%。

作者简介 ——————

毛基业

中国管理模式50人+论坛成员

中国人民大学商学院前院长、教授

冀宣齐

中国人民大学商学院博士在读生，导师 毛基业教授

齐海伦

北京科技大学经济管理学院讲师，导师 毛基业教授

第六章

友达苏州
共创共好的数字化转型之路

| 企业速写 |

友达光电（苏州）有限公司（以下简称"友达苏州"）创立于2001年，是我国内地第一个具备可生产大、中、小全尺寸液晶面板后段模组的生产制造基地，覆盖电视、台式电脑、笔记本电脑、电竞显示屏、手机屏幕及穿戴式显示屏等全线产品。友达苏州于2001年、2002年和2006年分别建成01、02、06三个厂，拥有完备的大、中、小尺寸面板生产线，占地面积32公顷。截止到2021年底，友达苏州注册金额为4.66亿美元，投资总额为13.98亿美元。近年来，友达苏州响应产业转型升级，积极朝智能制造与人工智能的方向发展，并专注生产高附加值的高端面板，借由导入先端AMOLED（有源矩阵有机发光二极体）及LTPS（低温多晶硅）显示技术，扩大产品广度及深度，并将其应用在智能穿戴、电竞专用面板、虚拟现实显示器、曲面笔记本面板及医疗专用面板等。通过不断努力，友达苏州获得了诸多荣誉及政府的肯定：荣获"2019年苏州

市智能工厂""2021苏州市工业互联网典型应用企业"、2021苏州市"5G+工业互联网"融合发展项目奖、"2022年度江苏省五星级上云企业""智能制造能力成熟度四级"认证（截至2024年2月底，全国共50家）。

友达苏州长期以来践行"共创共好"的可持续发展理念，围绕集团"环境永续、共融成长与灵活创新"三大永续发展主轴，实现"超越企业社会责任，创造共享价值"的愿景。截止到2022年，集团连续13年入选道琼斯可持续发展指数。友达苏州自2017年以来的数字化转型，就是对"价值共生 韧性成长"管理模式的有力诠释。

| 企业案例 |

数字化转型战略布局

转型动因

友达苏州的数字化转型动因，最早可以追溯到2015年。彼时，随着中国制造2025和工业4.0风潮初起，友达光电集团决定启动智慧制造2.0项目。董事长彭双浪提出打造数字化工厂和智能工厂的新愿景，同时制定了三年提升管理效能30%的具体目标。于是，从2015年开始，彭双浪亲自带领高管参加读书会，了解工业4.0、大数据等概念。对友达光电集团而言，只有掌握、跟上产业趋势，随时自我调整，才有可能在变动的环境中一次又一次通过考验。正如彭双浪曾分享的："当企业快速成长的时候，就是拼产能、冲规模的时候，但是我们的产业已经来到了高原期，我们四五年前就考虑到这个问题，开始思考要走什么路。未来的友达不只是一家面板公司，那么，接下来的转型应该做些什么事？"

因此，友达苏州将服务集团的业务目标和转型战略作为转型目标。友达苏州公司总经理郭振明表示:"对于总部的策略与目标,我们要去思考用什么技术手段去支撑。所以智能制造和数字化转型是工具,服务的、支撑的是公司业务战略,目的是更有效能地完成公司的年度重要绩效指标(KPI),比如营收增长、产品升级、技术领先、品质精进、供应链协同、相关竞争力提升等。"

同时,友达苏州还面临品牌客户提出的数字化要求。具体而言,友达苏州需要提高自动化水平以保障品质,并通过传感器等收集和共享生产过程中的部分源数据。此外,劳动力市场出现严重的供给缺口,招工越来越难,用工成本也急剧上升,提升智能化水平已经成为企业生存和发展的必经之路。友达苏州人力资源总监徐明涛指出:"劳动力市场需求大于供给,用工成本持续上升。人力资源数字化转型非常重要,企业需要灵活、快速应对人才市场的变化,并且不断地提升员工体验,通过数字化更好地联结每个员工的多层次需求。"

除了上述原因外,郭振明认为数字化转型是提升组织差异化竞争力的机会。郭振明对此进行了解释:"我们听到很多制造公司表达了这样的困境,技术不足、资源不足、人才不足。每一家制造公司,都必须走出一条自己的路,只有这样才能建立差异化的竞争力,才能在浪潮低谷活下来。其实,任何一个组织都是如此,当资源很多的时候,你不会想要做这件事情,只有资源不足的时候,才有创新的动力。我们不能一味追求最先进,而是要持续以客户需求为出发点,找出最适合企业发展的技术。"

于是,郭振明带领友达苏州的高管团队从学习工业4.0、人工智能等领域的知识开始,走上了数字化转型之路。郭振明回忆了转型起步时的场景:"当时我们模糊地了解工业4.0,但是对于工业4.0

的具体内涵和在每一道工序和流程上的作用，是不清楚的。当团队成员都知晓工业 4.0 是很重要的，也不断去学习工业 4.0 所蕴含的强大技术体系时，就可以有计划、有架构地推行数字化转型。所以，每经历一次变革团队都会成长，团队通过变革从不会走路到学会奔跑。"

聚焦年度战略主题

数字化转型需要同时用到多种数字技术，但在董事长彭双浪看来："组织一下子消化不了那么多，所以我需要定义公司每年的目标，每一年要取得什么进度，让大家从 1 楼到 2 楼，2 楼到 3 楼，3 楼到 4 楼，一步一步持续往上走。"为了能够有序地推动数字化转型，友达苏州的典型做法是每年聚焦一个数字化战略主题，所有员工围绕该战略主题有序推进。

在这一安排下，高管确定每年的数字化转型战略主题（见图 6-1），引导员工聚焦数字技术学习。2017 年转型伊始，这个战略主题被确定为"大数据分析"，具体内容包括打通数据孤岛、实现数据可视化、完成自助式报表开发等。随后的 2018 年、2019 年、

2017年：大数据分析	2019年：AIoT应用	2021年：工业互联
打通数据孤岛 实现数据可视化 完成自助式报表开发	产线数据实时采集 设备健康度预测 动态AI视觉	单体互联、车间内互联、跨车间互联、跨区域互联、跨部门互联、供应链互联
	2018年：数据驱动人机协作	2020年：智控中心
	基于人的管理转为基于数据的智能管理。例如，智能排班、用工预测	管理报表和指标的实时化、可视化、体系化、分层化，以及对异常指标的自动化预警和通报

图 6-1　友达苏州的年度数字化转型战略主题

2020年,友达苏州又分别围绕"数据驱动人机协作""AIoT应用""智控中心"三个战略主题开展数字化转型探索。2021年开始,友达苏州将"工业互联"作为数字化转型推进的重点,并在2022年持续投入,实现了设备互联、工厂互联以及供应链互联。

重构组织架构

为了推动数字化转型的实施,友达苏州大举重构了组织架构。友达苏州的数字化转型组织架构如图6-2所示。

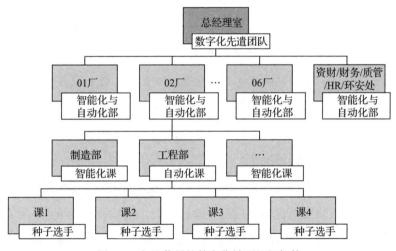

图6-2 友达苏州的数字化转型组织架构

友达苏州按照7∶2∶1的比例对现有员工进行再分工,建立了探索与运用双元结合的种子团队,即70%的员工坚守部门本职工作,20%的员工专门做相关的数字化及智能制造工作,还有10%的员工将有机会进入新事业条线进行内部创业。种子团队通常由3～5名员工组成,他们逐渐从先前的业务中抽离出来,并通过学习Python、RPA(机器人流程自动化)等新技术、新工具获得数字化技能，进行数字化探索。种子团队的建设，在不影响主营业务的情况下，提升了剩余70%员工的生产效率。总经理室职能部门转型的负责人介绍说："我们希望由他们这20%的人去驱动、去引领，如果100%的人都在做原来的工作，没有人去学习，是不容易实现转换的。因此我们计划70%的人能够维持原来的工作，然后20%作为种子选手去学习。"

在纵向上，友达苏州的组织架构有"总经理室—厂、处—部—课"四个管理层级，公司有多个工厂和各职能组织。为了推进数字化转型，友达苏州在每个管理层级都设立了数字化专职团队。公司层面，在总经理室部署了数字化先遣团队，不仅对接总部的智慧管理办公室及经管办，还能够自上向下地推动数字化学习及实践。厂、处层面，新设智能化与自动化部，由厂长、处长直接领导。智能化与自动化部的主要工作是挖掘和实施技术应用场景，同时扮演跨边界协调者的角色。课作为最小管理团队，至少有一位种子选手专门从事数字化转型工作。

除了纵向上的调整外，友达苏州还成立了横向的虚拟组织。横向小组是推动数字化转型最为关键的组织，包括技术竞争力、产品竞争力、制造竞争力、智慧服务、人才竞争力、供应链、品质管理等小组。每个小组由厂长或处长领导，组员包括不同工厂和部门的相关主管。例如，技术竞争力小组，下设自动化和AI、设备效率管理、大数据建模、5G和工业互联4个二级小组，二级小组由课长牵头。此外，业务部和IT部的沟通协作也通过横向小组来进行。

横向小组将相同领域的主管集中到一个小组内，让大家承担共同的使命和职能，形成责任共同体，促进了跨部门的资源协同和合作。同时,横向小组提供了一个头脑风暴和思想碰撞的平台,各主管在频繁的讨论中达成共识,促进了创新在组织内的普及和应用。

"共创共好"的数字化转型模式

与员工共生

友达苏州深知企业与员工的共生关系,企业的成功转型离不开员工的努力,员工自身的转型推动着企业的转型。正如郭振明所说:"对我而言,必须要把工厂每一个层级拧成一股绳,很多事情可以根据轻重缓急去调整优先级,但是人才的转型和能力升级,是必须要去全力推进的,是最重要的事。"由于员工并不具备数字化能力,甚至在认知上对数字化转型还较为排斥。对此,友达苏州开展了大规模的组织学习与培训,让员工通过学习克服惯性。

在转型初期,友达苏州积极组织员工参加智能制造展、工业博览会以及互联网企业年会等各类展会,以了解先进行业和标杆企业数字化转型的最新成果和未来趋势,然后再引入内部。此外,互联网课程也被作为学习的内容。

向外学习虽有很大帮助,但不足以构建自己的技术能力。2018年,友达苏州新设立未来学院,并建立起完善的课程和讲师体系。在学习资源的供给上,除了汇总分类网络资料外,还邀请高校的教授开办内部课程。在学院设置上,有以技术培训为主的工学院,还有以案例落地和实际应用为主的未来学院。每个学院的院长都由厂长担任,HR部门需要协助院长工作,工厂内部也设置了训练组对接工作。

内部大学提供丰富多样的课程，不同岗位的员工要学习相应的课程。郭振明认为："你的痛点不是我的痛点，你想学的不是我想学的，所以我们要建立一个平台，让大家各取所需，让供给和需求相匹配。"不同管理层级对应不同的课程。对高层而言，读书会和技术讲座是主要的；对中层而言，以应用和研讨为主的 AI 经理人班是主要的，课程为三个月，需要每两周上一次课；对基层而言，数据科学班是主要的，内容上以技术学习和专案落地为主，学期为两个月。2018 年至 2022 年，友达苏州的内部课程班开设了近 100 班次。为了保障学习效果，友达苏州内部还有数字化人才梯度评价机制和健康度评价机制。

友达苏州不仅强调学习，更强调学习目的，即用数字化技术解决业务痛点。友达苏州要求参培人员带着业务痛点参加学习，在课程初期就要基于痛点立项专案，并在课程结束时应用所学的数字技术完成结案。此外，参培人员还要在内部大学、员工二元能力发表平台上公开展示自己的成果。在人力资源总监徐明涛看来："发表平台就像赛道，运动员上了赛道就有竞争的氛围、有克服困难的决心，专案落地就有了保障。"

在大规模的组织学习与培训后，友达苏州的员工不仅了解和掌握了前沿的数字化技术，更是基于友达苏州自身痛点做出了多样化的数字技术创新成果。这些创新成果遍布各个部门，助力友达苏州成功实现了数字化转型。例如员工最初使用动态视觉 AI 识别人员行为，在使用的过程中，被纳入管理的行为越来越多。随后，动态视觉 AI 不仅仅被用于管理人员行为，还被用于监控设备运转状态、物料状态和生产环境等，最终形成了人机料法环的全方位管理。

与企业共生

在与员工共生的过程中,友达苏州培养出一批具有数字化思维的人才,并推动这批员工进行"数字化创业",孵化出智能制造服务商"友达数位"。友达数位是全球化布局的智慧工业服务全新事业,紧密围绕智慧制造解决方案与数字化转型服务,赋能外部企业的数字化转型,实现了友达苏州与企业的共生。

与企业共生是与员工共生的延续,也是友达苏州对"价值共生,韧性成长"管理模式的诠释。这种诠释首先体现为友达苏州对外部企业的赋能,契合了外部企业数字化转型的诉求。正如友达数位总经理赵丽娜所说:"智能制造服务在市场上快速扩展,伴随着一些乱象。没有制造业经验的人担任智能制造咨询顾问,没有工厂运营经验的公司开发销售工业软件,没有业务数据的团队销售大数据服务,难以对客户提供稳健性与预见性的服务。基于制造的基因,我们具有显著的优势,即真实场景和实践经验。我们拥有多座智能工厂,我们的技术来自工厂的实践,我们的知识来自对这些实践的总结。"

这种诠释还体现在友达苏州在赋能外部企业的同时,也使自身获益,反哺了自身的韧性成长。这种韧性成长具体体现在三个方面,分别是释放员工价值、保持组织活力、第二增长空间。赵丽娜对这三个方面进行了解释,"第一,我们有非常多的老员工,他们在内部的舞台上面已经遇到瓶颈,所以我们希望能够有一个孵化的平台,能够让他们把价值发挥到更大,帮助很多外面的企业去转型,这样个人的自我价值也就得到更好的释放。第二,资深员工创业后,也可以给更多的新员工创造更好的舞台,可以让我们更多的员工有更好的发展机会，并能够向上延伸。第三，在企业的价值方面，其实我们不单单在友达苏州内部，也在持续改善自己的外部生产制造系统，所以我们也将这样的持续动能形成了一种新的商业模式，形成我们第二个业务增长引擎。"

因此，友达数位在对外赋能之初就积极践行"共创共好"的理念，将"基于共享基因创造最具长期价值的工业互联平台"作为愿景，将"构建可持续发展的智造生态"作为使命，将"以人为本、知行合一、创新务实、协同共赢"作为价值观。友达数位旗下有两家子公司，分别是友达智汇和艾聚达。友达智汇基于友达26年自有工厂实践经验的积累，将制造中的人、机、料、法、环与智慧（AI）全面融合，形成不同模块的场景式应用解决方案，提供全面的一站式智能制造服务，致力于为企业数字化转型及变革赋能。艾聚达是一家提供AI赋能的HaaS平台解决方案公司，透过AI技术赋能边缘硬件产生数据价值，助力企业全面智慧化升级。

总之，基于友达光电灯塔工厂及数字化转型与智能制造实践经验，友达数位为传统制造业企业提供涵盖思维培养、需求激发、蓝图规划、版图设计和落地执行等智能制造转型各环节的一站式数字化解决方案和软硬件服务。2022年，友达数位已形成数字化工厂整体解决方案、智能工厂整体解决方案、智慧园区整体解决方案、5G+AI整体解决方案、工业互联整体解决方案、灯塔赋能整体解决方案六大服务体系，并赋能了超过700家外部企业的数字化转型。友达数位对外赋能的总体方案架构如图6-3所示。在友达数位赋能外部企业的过程中，友达苏州实现了与企业的价值共生。

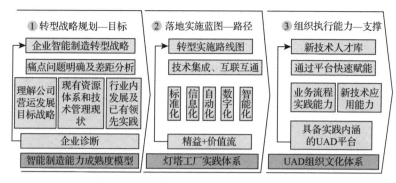

图 6-3　友达数位对外赋能的总体方案架构

与社会共生

友达苏州的数字化转型不仅是与员工的共生、与企业的共生，还是与社会的共生。电子劳动合同就是友达苏州与社会共生的典型案例。这是一项源于友达苏州数字化转型实践的创新，随后得到了苏州工业园区的认可，后者发布了全国首个电子劳动合同标准。2020 年 6 月，苏州工业园区率先制定发布了全国首个电子劳动合同标准，劳动合同正式进入"无纸化"时代。2021 年 4 月，园区人社局在电子劳动合同标准的基础上发布了全国首个电子劳动合同争议处理规则，旨在为电子劳动合同普及后可能引发的争议处理提供规范和指导。对于电子劳动合同在全国推广和普及，友达苏州有着前瞻性贡献。

电子劳动合同的启用节省了巨大的投入成本，全面取代人工核对，大幅提高效率并减少错误。相对于传统纸质劳动合同，员工在签署电子劳动合同时，通过一部手机就可以轻松完成合同签署。同时，系统会自动校验确保信息无误。在友达苏州的实践中，友达苏州与苏州工业园区政府劳动关系平台对接，自动报送电子劳动合同,避免中间环节,大幅节约相关事务处理时间。友达苏州在制造业率先导入电子劳动合同,使报到效率提升50%,员工得以快速入职。赵丽娜介绍,"几百份几千份的合同可以很简单地一下子搞定"。

实现韧性成长

在"共创共好"的数字化转型模式下,友达苏州赋能了员工的成长、外部企业的成长,并为社会带来福利,这种"共创共好"的共生价值观更是给友达苏州自身带来了成长。这种成长既体现在友达苏州在行业下行周期、经营压力较大的背景下实现了大幅降本增效,还体现在友达苏州通过赋能外部企业的数字化转型画出了二次增长的靓丽曲线。

在自身的降本增效上,友达苏州朝着智能制造与人工智能的方向发展,一步一个脚印,用数字技术全面重构组织和业务。截至2021年底,友达苏州的数字化建设累计投入4亿元人民币,产生了超过9亿元的回报,员工规模由1.4万人缩减为8 000余人,但生产能力却持续提升。在生产制造、人力资源管理、品质管理、安全管理和供应链管理等方面,友达苏州均取得了显著成绩。

在生产制造方面,友达苏州不仅改造了设备,更是实现了对员工的赋能。在设备侧,升级源于AI、大数据,以及AIoT等技术的应用,例如机器手臂、无人搬运车等,大幅降低了人力成本,而智能设备管理系统则解决了设备综效不足、设备维护困难等问题。友达苏州自研智能设备管理,实现了设备的生命周期预测和预控管理,超过90%的设备实现互联。如今,设备的宕机时间减少了23%，平均修复时间缩短了10%～30%，维修成本降低了10%～30%，综合效率提升了15%～30%。在员工侧，生产人员可以利用系统进行智能化排产，利用动态视觉和光学AI技术实现对产品的自动化检验，AI视频技术也可以辅助员工准确、高效且安全地完成每一个生产动作。通过持续精进，友达苏州实现了人员效率提升30%、一线员工减少40%、单位能耗降低50%、库存备料减少35%、资产利用率提升12%，厂房利用率从建厂初期的55%提升到了91%，此外，客户满意度提升了8%。

在人力资源管理方面，面向一线员工的"选育用留"整体数字化解决方案，解决了人力资源领域的长期痛点，帮助简化行政性工作，创新人力资源实践。在选才阶段，人力预测系统可以自动提出用工需求和人才招募需求。在培育阶段，采用仿真技术进行实景培训，员工可以在移动端随时随地开展碎片化学习。在用人阶段，智能工位主要解决工位上员工对于人、机、料、品等一系列的求助问题，实现工位自助服务。人员调度系统汇集了各方面的数据来源，可进行跨区域的人员调度共享，精准预测更多的招募和培训需求。在留人阶段，智能沟通小程序可以实现移动端随时响应，"E小达—智能心灵陪伴Bot"小程序为员工提供心理咨询服务，对员工心理状态进行测量与预警。总之，"选育用留"整体数字化解决方案实现了一线人员调度速度提升50%，员工工时效能提升30%，岗位匹配率几乎达到了100%。

在品质管理方面，友达苏州利用大数据和物联网等数字技术，让品质管理从后知后觉，变为实时知觉，甚至先知先觉。例如，品质管理处利用大数据技术实时监控每台生产设备的所有参数指标，设置了每项指标的上下限，每项指标只要超出预先设定的上下限范围，机台就会自动预警异常，大大缩短了从产生异常到发现异常的时间区间，减少了不良品的产生。此外，品质管理处也联合制造部门实施半成品和成品的自动化视觉检验，释放了人员劳动力的同时，增加了质量检验的精度和效率。例如，时任01厂厂长李和荣说明了提升品质精度的例子："我们的产品要越做越精细、越做品质越高、越做价值更高，要维持品质稳定，有些工序已经不是人工作业可以做得到的，比如检验，一些检验已经可以通过数字化把漏检率降到零点几，而人工检的话漏检率约2%，也许熟练工可以慢慢达到和设备一样的效率，可是制造业人员流动性大，所以现实是要不断地重复训练新人上岗到熟练，在这个过程中，就不如设备稳定。"

在安全管理方面，友达苏州的安全管理部门联合生产部门建立了智能化安全防控平台，保证员工安全、设备安全和生产安全。例如，利用动态视觉AI监控、提醒和预防员工上下楼梯时看手机的不安全行为，利用AIoT预防设备因超高温等原因导致的宕机甚至爆炸。

在供应链管理方面，友达苏州利用数字技术实现了敏捷的供应链管理。具体而言，资财处根据动态库存实现最小化、实时化采购，根据历史采购金额和数量预测未来的采购预算，借助大数据预控极端天气导致的延迟采购和交货，利用设备异常自动通报应用来提醒及时采购新设备。总之，数字技术的应用，提升了供应商的柔性和敏捷性，有力支撑友达总部的多元化智能产品的发展需求。

未来展望

一路走来，友达苏州从数字化转型的局外者成为破局者，再到如今的领军者，以及对外赋能者。友达苏州并不拘泥于已有的成果，而是放眼未来，将打造工业互联生态、构建平台型组织、实现智能制造再升级等纳入日程。对友达苏州而言，未来的成长是基于平台和生态的成长，平台和生态的繁荣会带来自身的繁荣。积极拥抱智能化转型的友达苏州时刻准备迎接挑战，与生态伙伴共同创造不一样的未来。

| 专家洞察 |

友达苏州的价值共生与韧性成长

友达苏州是光电产业的领先企业，坚持践行"共创共好"的可持续发展理念。2017年启动的数字化转型不仅实现了大幅降本增效，还通过输出自身的数字化经验和方法论赋能外部企业。友达苏州的持续、全方位的数字化转型完美地诠释了"价值共生，韧性成长"的管理模式，而且实现了这二者之间的相互促进、相辅相成：在"共创共好"理念的指导下推动转型，达到韧性成长；通过转型和创新实现的组织韧性又保障了基于"共创共好"理念的可持续发展。

友达苏州管理模式体现了三个层面的价值共生。

第一层是企业和员工的价值共生。从关爱员工到赋能员工，富有人文精神的友达苏州通过系统性的学习和培训，打造了一流的学习型组织，奠定了内生性持续转型创新的基础。得益于企业赋能，各级、各部门员工扎根自身专业领域，探索基于数字技术的业务解决方案，为友达苏州带来了彻底的转型。

第二层是企业和企业的价值共生。友达苏州从不吝将自身转型经验向外输出，赋能产业链上下游、客户企业甚至其他产业企业的数字化转型。在这个过程中，友达也汲取了客户企业应对复杂外部环境的经验，并将外部优秀实践反馈回来，强化了自身的韧性成长，实现了从"价值共生，韧性成长"的企业内循环到外循环的转换。

第三层是企业与社会的价值共生，友达苏州积极践行"超越企业社会责任、创造 共享价值"的可持续经营理念。例如，友达苏州首创的电子劳动合同，既提升了组织效率、赋能了员工，也为地方政府采集和管理数据提供了方便。事实证明，在友达苏州对外赋能的过程中，所有利益相关者都能从中受益。

友达苏州的"价值共生，韧性成长"理念与时代特色相得益彰。面对高度动荡的外部环境、行业产能过剩带来的激烈竞争，以及新冠疫情肆虐等方方面面的挑战，友达苏州积极应对、拥抱环境变化，通过价值共生迅速找到应对危机、化危为机的转型方案。转型后人员效率提升30%、一线员工减少40%、单位能耗降低50%，显著提升了应对外部不确定性的组织韧性。如今，对外输出数字化转型经验为友达苏州开拓出第二增长曲线，同时也为其他缺乏转型能力、经营乏力的企业走出泥潭、持续转型提供了助力。

作者简介 ————————

毛基业

中国管理模式50人+论坛成员
中国人民大学商学院前院长、教授

邹楠

中国人民大学商学院博士生

马冲

对外经济贸易大学国际商学院讲师

第七章

中垦牧乳业
良品文化的慢生长之道

| 企业速写 |

中垦牧乳业（集团）股份有限公司（以下简称"中垦牧乳业"）成立于2015年4月，注册资本1.95亿元，由重庆市农业投资集团有限公司、陕西省农垦集团有限责任公司共同发起成立，是全国农垦系统贯彻落实《中共中央 国务院关于进一步推进农垦改革发展的意见》（中发〔2015〕33号）文件精神，践行农业部[一]"三联"战略的重大举措，是农业部农垦局打造农垦国际大乳商的重要载体。

中垦牧乳业传承了90余年的厚重历史，它发轫于1931年重庆民族资本家成立的重庆奶牛场和1939年在红色延安成立的光华农场，是一家满怀时代记忆和创业激情的企业。作为一家历史底蕴深厚的全产业链布局的区域乳制品企业，中垦牧乳业凭借稳健发展、诚信经营及开拓创新的企业文化，得到了业内的普遍认可。近年来，中垦

[一] 2018年3月，国务院机构改革，将农业部职责整合，组建农业农村部。

牧乳业已跻身中国奶业20强，成为中国奶业协会副会长单位和中国农垦乳业联盟副主席单位，是国家乳业技术创新中心成员单位。中垦牧乳业厉行国企责任，以匠心精神生产安全优质的产品，助力打造消费者的"良品生活"，并助力"健康中国"战略。

截至2023年年底，中垦牧乳业旗下拥有天友乳业、华山牧乳业、天宁牧业、华山牧业、定边牧业、天鸿牧业和中垦供应链7家公司，拥有8个自有牧场，其中有3个万头规模牧场，总存栏规模4.5万头；拥有4个乳制品加工基地，年总加工能力60余万吨；乳制品包含巴氏鲜奶、常温奶、酸奶、奶粉等多个品类，市场覆盖近10个省市，占有重庆70%的市场份额；拥有1个省级博士后科研工作站，具备草场、牛场、工厂、市场的全程质量控制体系和全产业链经营体系。

中垦牧乳业形成了"天友""华山牧"液态奶，"恬恩"婴幼儿奶粉，"天友"奶酪，"奶气"儿童产品等产品系列。拥有"天友""百特"等中国驰名商标，旗下"天友""山城"等品牌历史悠久，在我国西南地区享有较高的知名度和美誉度，处于市场领先地位；"华山牧"品牌立志打造陕西"低温乳制品第一品牌"；"奶气"品牌立志打造"中国儿童乳制品第一品牌"。中垦牧乳业开发的各类产品获得诸多国际级、国家级及省级奖励荣誉。其中，百特有机纯牛奶和百特轻酸奶同时获得比利时布鲁塞尔2021年国际食品品质品鉴委员会评选的"蒙特奖金奖"；百特鲜牛奶获得2021年中国乳制品工业协会液体乳制品大赛"质量金奖"；百特有机纯牛奶、百特轻酸奶、天友零添加清爽型酸牛乳荣获2022年"国际美味金奖"三星，淳源有机酸牛奶、天友炭烧牛乳分别荣获"国际美味金奖"二星、一星；天友"家里养头奶牛"鲜牛奶在2022年"奶牛营养与牛奶质量"国际研讨会优质巴氏杀菌乳品品鉴活动上，荣获国家奶业科技创新联盟颁发的"品质传承金奖"。

| 企业案例 |

良品文化：简约而不简单

20世纪90年代中后期乳制品行业迅速发展，大品牌乳企在全国范围内推广常温奶这一概念，使得市场竞争愈演愈烈，价格战成为各大公司的主要选择。"三聚氰胺"带来的乳制品行业危机让企业意识到，在市场竞争中，产品始终是决定企业成败的关键。企业做任何的技术或产品改良都必须保证产品品质，才能获得稳健和可持续的成长。伴随着乳制品行业的日渐成熟，消费者对乳制品安全的意识逐步增强，不少城市型乳企的巴氏奶销量大幅上升，消费者越来越倾向于购买具有营养、健康品质的产品。

中垦牧乳业在这一激烈的竞争中保持了稳步、健康、持续的成长，很大程度上得益于"良品文化"这一简单规则。简单规则是企业所形成的一种启发式或经验式法则[一]，它的形成既受企业的行业经验影响，也与企业家和全体员工对乳制品行业本质的认识、信仰和信念有关。中垦牧乳业董事长邱太明在采访中说道："中垦牧作为食品行业中的一员，一定要确保食品安全，造福消费者，这是企业红线。"中垦牧乳业的核心理念是"铸就国家品牌，引领良品生活"。由此可见，中垦牧乳业的良品文化至少包括低线与高线两个不同的层次，低线是确保食品安全，高线是引领良品生活，目的都在于造福消费者，铸就国家品牌。

简单规则在不可预测的环境中是必不可少的，它是战略的定海

[一] SUN SL, XIAO J, ZHANG Y, et al.（2018），"Building business models through simple rules"，*Multinational Business Review*，Vol.26 No.4，pp.361-378.

神针，助力企业穿越复杂性，获得可持续的成长。正是在良品文化这一简单规则的引领下，中垦牧乳业确立了精准的战略定位，开发适合于铸就国家品牌和引领良品生活的市场机会，并通过打造商业模式与组织能力，发展出独特的慢生长之道。良品文化驱动并贯穿了中垦牧乳业的运营，对中垦牧乳业核心竞争力的形成起着至关重要的作用。图7-1是研究团队总结的中垦牧乳业在良品文化指导下的慢生长之道的关键要素和关系框架。

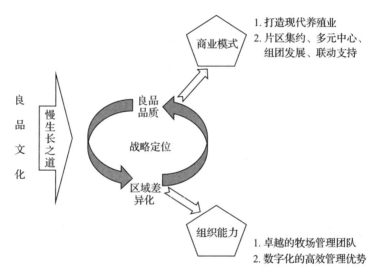

图 7-1　中垦牧乳业的良品文化与慢生长之道

精准的战略定位：打造良品品质，做区域差异化乳企

中垦牧乳业在发展过程中逐渐确立了"打造良品品质，做区域差异化乳企"的战略定位。打造良品品质，即以匠心精神生产安全优质的产品，为消费者的"良品生活"助力，为"健康中国"战略助力；做区域差异化乳企，即尊重乳制品行业的发展规律，做"好"

产品，发展适合自己的区域型创新之路，在市场上实现差异化竞争。中垦牧乳业意识到，企业只有打造良品品质，并不断地在产品上做出差异化，才能立于不败之地。

打造良品品质

产品的优良品质是企业发展的第一保证，也是企业的核心竞争力所在，是中垦牧乳业在激烈的市场竞争中生存和发展的重要支柱。中垦牧乳业自成立至今，没有因质量问题造成不良影响，在当地消费群体中的口碑非常好，这与中垦牧乳业通过"鲜活"的产品策略、领先的创新能力和全方位的质量控制体系来打造产品的优良品质紧密相关。

（1）"鲜活"的产品策略。中垦牧乳业大力实施"鲜活"这一产品发展战略，以巴氏鲜奶、低温奶为主要产品，巴氏奶、酸奶等低温奶和常温奶之间的比例为7∶3，始终重视乳制品的"健康""鲜活"。为了保证产品的鲜活度和高品质，中垦牧乳业把工厂建在牧场旁边，其中，华山牧鲜活鲜牛奶从生产到加工在2小时内完成，加工之后很快通过冷链运输进入市场，从而建立起从牧场到工厂的奶源新鲜半径、从工厂到市场的产品新鲜半径，从产业链的各个环节确保牛奶的品质与新鲜⊖。中垦牧乳业旗帜鲜明地提出"天友，身边的新鲜好奶""良品华山牧，鲜活新高度"，并在"良品文化"的驱动下，在实际经营中扎扎实实地把"鲜活"的工作做精、做细、做好，从牧场养殖端到加工、运输、市场销售，最后呈现给消

⊖ 中垦牧乳业股份有限公司. 探索创新 整合发展 努力建设农垦国际大乳商[J]. 中国农垦，2016(06)：38-39.

费者最健康、最鲜活的产品。中垦牧乳业顺应国内消费升级和"健康中国"建设的社会大趋势,紧扣时代消费脉搏,稳妥推进产品创新,为消费者提供高品质的鲜活产品。其中较为成功的创新产品如表 7-1 所示。

表 7-1 中垦牧乳业较为成功的创新产品

产品名称	产品定义	特性 1	特性 2	特性 3
黄金十二时辰	一款以时间定义鲜活的巴氏鲜奶产品,兼具鲜明的西安地域特色和大唐气象	供应链属性:限定距离加工厂 60 千米的华山牧场	终端销售属性:只卖给消费者极致鲜活体验的当天产品	从牧场到餐桌时长:24 小时
奶气 妈妈的爱	一款配方简单的酸奶,以最无私最真诚的"妈妈"之名用心为儿童量身打造的高端酸奶	有机	零添加	零蔗糖
奶气 A2β-酪蛋白儿童纯牛奶	一款专门针对儿童的 4.0 高蛋白、130mg 高钙 A2β-酪蛋白易吸收纯牛奶	用 125ml 更少的容量提供更多的营养	通过亲子互动饮奶场景打造中国儿童饮奶好习惯	进一步扩展奶气儿童系列产品线
核桃花生奶	一款推出了 23 年的经典植物蛋白饮料	口感顺滑细腻,风味独特	深受西南地区消费者喜爱,成为重庆人消暑纳凉、清爽解辣的必备饮品	陪伴几代重庆人走过了值得回味的纯真岁月
百特	2007 年上市的高端子品牌	是全国唯一能与特仑苏、金典三分天下的高端区域品牌		"better,喝更好的百特,做更好的自己!"

(续)

产品名称	产品定义	特性1	特性2	特性3
淳源	专注有机乳制品的高端子品牌	其中4.0蛋白娟姗有机鲜牛奶为全国首款最高品质有机鲜牛奶		在全国有机鲜牛奶市场份额排名第二
家里养头奶牛		已通过国家优质工程产品验收	获国家奶业科技创新联盟颁发的"品质传承金奖"	采用75℃巴氏杀菌工艺保留10种原生鲜活全优营养
恬恩奶粉	旗下婴幼儿奶粉	亲和营养好吸收配方	OPO结构脂、益生元为配方亮点	倡导"塞上好牧场，恬恩好营养"
天友奶酪		奶酪棒以C端线上线下零售为主 原制奶酪以B端餐饮、工业原料为主	国内国际双循环供应链体系	为工业、餐饮业客户提供个性化、系统化的奶酪产品解决方案

注：各产品定义和特性根据中垦牧乳业内部资料整理而成。某些产品属于集团改制成立股份公司之前就上市的产品，所以产品历史超过股份公司成立的时间。

（2）领先的创新能力。中垦牧乳业继承了农垦系统重视技术品质的一贯传统，通过技术创新确保好原料，为生产好产品提供必要保障。中垦牧乳业坚信，只有品质足够优秀的生牛乳才能被生产加工成满足健康营养需求的巴氏奶。华山牧乳业从创立之初就以近乎偏执的标准要求原奶质量，产自自有牧场华山牧场的奶源，其蛋白质含量≥3.5%（欧盟标准≥3.3%），菌落总数1万cuf/ml（欧盟标准为40万cuf/ml），体细胞数15万cuf/ml（欧盟标准为40万cuf/ml）[1]。2018年华山牧乳业在陕西市场首家实现75℃巴氏杀菌工艺，更多

---

[1] 菌落总数、体细胞数两项指标数值越低代表品质越优。

保留牛奶中乳铁蛋白、α-乳白蛋白、β-乳球蛋白等生物活性物质[1]。中垦牧乳业董事长邱太明在访谈中提到：在全球乳制品研发从基础营养转向专业营养的趋势下，优质乳工程研究，技术、设备改进以及功能性研发等各个方面，都离不开研发投入。中垦牧乳业近年来研发投入比例逐渐提升，2022 年研发投入达 4 600 万元，占营业收入 1.53%（行业平均水平为 1%）。中垦牧乳业建立了 60 余人的技术研究和成果转换团队，不断推出创新型产品，也持续对经典产品进行升级。

中垦牧乳业坚持围绕产业链部署创新链，充分发挥科技创新的支撑作用，建立了 1 个省级博士后科研工作站、1 个省级企业工程中心，旗下各企业也相应成立了专业研究中心。中垦牧乳业先后与西南大学、江南大学、中国农业大学、西北农林科技大学等高等院校合作，打造了一批包括院士工作站、创新基地、专家工作站等在内的高水平创新平台，推进产学研一体化，联合进行关键领域的创新研究工作，提高科研工作的"含金量"，现已成为西南地区唯一的"国家乳业技术创新中心"共建单位。公司科研创新能力已经进入奶牛育种、菌种研究等乳业产业链核心领域，建成了益生菌菌种库，完成了 797 株可食用菌株入库，部分自有产权菌株已实现成果转化，顺利投入市场。此外，中垦牧乳业还建立了国家级的奶牛育种场。丰富的技术储备和持续稳定的研发投入有利于中垦牧乳业保持技术壁垒，不断优化和发展核心产品，形成可支撑差异化竞争、高端化发展的技术优势。

（3）全方位的质量控制体系。中垦牧乳业把好奶源作为乳制品

---

[1] 搜狐网：做技术的偏执狂，迎接中国巴氏奶的春天，一起走进中垦牧乳业！

质量的第一道关口。为把握好奶源的质量关，中垦牧乳业拥有严格的牧场供应链管理和质量控制体系，自有牧场的内部控制执行标准远高于国家和行业的标准，自产生鲜乳菌落总数、体细胞等卫生指标甚至全面优于欧盟标准，脂肪、蛋白含量等质量指标远超国家和行业标准。中垦牧乳业依托自有奶源优势，在重庆、陕西渭南、宁夏中卫建立了乳制品生产基地，并以此为基础打造覆盖西部、辐射全国的供应链体系。针对向第三方牧场外购的生鲜乳，公司执行与自有牧场生鲜乳一致的质量要求，每批次生鲜乳入厂前按照公司生鲜乳验收标准对生鲜乳的感官指标、理化指标、微生物、三聚氰胺、兽药残留等指标进行检测，合格后接收并进入生产环节，确保外购生鲜乳质量可控，符合公司产品质量要求。

中垦牧乳业实施从奶源到市场终端的产品全生命周期的质量管控体系，将"质量是企业的生命"这一理念落实到奶牛养殖、产品研发、生产加工、物流配送、终端销售、售后服务等各个环节。先后认证并实施 ISO 9001 质量管理、ISO 22000 食品安全管理、诚信管理等 11 个管理体系，建立健全原料进货查验制度、食品安全风险管控制度、卫生标准操作程序等管理标准 528 个、工作标准 479 个、技术标准 849 个，强化制度引领，推动制度落地，切实做到源头严防、过程严管、风险严控，确保了从"牧场到餐桌"的全过程质量安全。具体操作上，一是构建车间、工厂、企业三级质量管控工作机制，实行生产过程和关键控制点每日巡查，强化奖惩兑现，倒逼责任落实，严格落实质量管理"三不原则"（即不合格原料不使用，不合格工序产品不转序，不合格产品不交付）；二是建立牧场、工厂、技术中心三级质量检测工作机制，以数据指导生产、确保安全。

中垦牧乳业积极开展全程产品质量追溯体系建设。公司建立详细的饲草料投放、生鲜奶生产验收、原料奶管理、生产过程控制、添加剂的使用和管理、出厂检验、产品流向等十几个关键控制节点记录，对每一批次产品从所用原料来源到产品加工、配送、销售实施追溯性控制和管理，对产品质量安全可实施全程追溯。公司还建立了西南领先的冷链物流配送中心，形成以巴氏鲜奶为基础的低温品类产品无缝冷链物流配送网络体系，通过对原料奶和成品奶运输全过程实施有效监控，保证产品在流通过程中的品质，进一步保障乳制品质量安全，为公司赢得了的良好的品质口碑。2017年4月，天友乳业成为全国第一家通过"中国优质乳工程"认证的国有乳制品企业；同年10月，华山牧乳业也成为西北地区首家通过"中国优质乳工程"认证的乳制品企业。

做区域差异化乳企

从欧美国家的现状看，无论是加工规模还是市场份额，乳业至今依然较为分散。这充分说明乳业行业布局的一个重要规律是地域性、分散性、特色性。事实上，任何一个依托于全产业链模式的巴氏鲜奶企业，一旦受制于冷链覆盖的客观规律[一]，就很难单独发展成一个全国性的企业。"三聚氰胺事件"以来，立足本地市场，以新鲜巴氏奶为主要产品的中小乳企出现问题较少。但行业竞争日益加剧，区域中小乳企必须有自己的成长之道。中垦牧乳业选择抓住区域消费特点，走跟一般乳企不同的发展道路，以"良品文化"作为引领，选择围绕区域市场做差异化，以优质的产品品质稳扎稳打。

○ 比如，冷链运输的效率时间规律和食物最佳保鲜时间规律。

中垦牧乳业根据各区域消费者的口味偏好来进行产品的设计和研发，以客户需求为导向，实现大品牌顾及不了的差异化——至深活性与类别消费人群的至密覆盖。与伊利、蒙牛等行业巨头相比，中垦牧乳业以提供低温、巴氏奶为主，紧密把握产品的"鲜活度"，把各细分市场做好。中垦牧乳业有100多种产品，适合中年、青少年、儿童等年龄段，在重庆、四川、贵州、陕西等省市，基本做到城市乡村全覆盖㊀；在常温奶长期主导的陕西乳制品市场，华山牧的出现让更多消费者了解并体验到了巴氏奶作为家庭饮奶的优势㊁。统计显示，中垦牧乳业华山牧巴氏奶2022年全年销量2 417吨，2022年西安市民消费巴氏奶相比2016年翻了几十甚至百倍。华山牧乳业引领了陕西乳制品市场的消费升级。

中垦牧乳业的主力消费人群跟全国大品牌及其他区域品牌相比基本上是一致的，但中垦牧乳业作为区域型乳企可以根据区域消费者的需求来考虑整个产品的研发，并且可以对消费者的市场需求做出快速响应。相对来说，大品牌乳企更倾向于根据大众或均衡的口味来做设计，而中垦牧乳业则会研究不同地区的口味偏好，在此基础上，把产品做得更精准，更适合当地人群的喜好。比如同样是草莓酸奶，中垦牧乳业可以做出更容易被四川、重庆消费者接受的具有微小差异的口味，使当地消费者对中垦牧乳业品牌的认可度、忠诚度更高。中垦牧乳业通过打造不同口味的产品，填补区域细分市场的空隙，建立起适合中垦牧乳业的护城河。

㊀ 华山牧官网：http://www.huashanmu.com/ketang/130.html。

㊁ 做技术的偏执狂，迎接中国巴氏奶的春天，一起走进中垦牧乳业！

全产业链运营与适配的商业模式

全产业链运营：良品自源头，打造现代养殖业

鲜奶产品需要新鲜的奶源，而对奶源的争夺一直是中国乳业竞争、发展的主旋律。乳制品企业为保证奶源质量，纷纷建设规模化的牧场，打造现代养殖业，发展从牧草种植、奶牛养殖、鲜奶加工直到终端销售的全产业链。

中垦牧乳业拥有全产业链运营、100%自有牧场奶源供应的巨大优势。首先，中垦牧乳业选择自然生态条件优越的地域，自建牧场与工厂，从奶牛饲养、喂养环节开始，严格保证奶源品质，基本可以达到100%的奶源质控率。其次，中垦牧乳业建立了"种、养、加、研、运、销"一体化的自主可控产业链，切实保障产品全程可控制、可追溯、高质量、高鲜活度。最后，中垦牧乳业借助工厂到牧场之间距离近的优势来保证产品的鲜活度。在此基础上，中垦牧乳业积极打造优质乳工程，利用第三方机构的检测反映自身产品的优质营养和功能价值。

中垦牧乳业视奶源地为第一车间，将优质生鲜乳的自给率作为衡量乳企竞争力的重要因素。为保持自有奶源100%自给率，中垦牧乳业延续奶牛养殖的优良传统，于2012年在宁夏回族自治区建设当时宁夏第一个万头奶牛场。其后为保证功能性生鲜乳的自给率，陆续在陕、宁、川、渝等地建设了7个自有奶牛牧场（其中包括3个万头级牧场），生产有机奶、有机A2奶、有机娟姗奶，为旗下品牌提供坚实的资源支撑，保证所属品牌的差异化竞争优势。2022年底公司存栏奶牛4.2万头，生鲜乳产量23.1万吨，自有生鲜乳自给率超过了100%。中垦牧乳业在工厂所在地收购部分当地

牧场所产的生鲜乳，同时向需要高品质生鲜乳并能支付较高溢价的乳制品企业出售部分自产生鲜乳。

中垦牧乳业进入了奶牛育种领域，建设奶牛"种子工程"，搭建"1+3"奶牛育种体系，打造国家级奶牛育种场。目前中垦牧乳业所培育的后备牛的总性能指数（TPI）全面提升，单产等指标已全面超过进口牛。中垦牧乳业以工业化思维打造现代养殖业，所有牧场都通过了良好农业规范（GAP）认证，大部分牧场通过了中国农垦标杆牧场、中国优质乳工程奶源等认证，华山牧场成为第一批8个国家级休闲观光牧场之一。中垦牧乳业同时采用"绿色低碳"的生产模式，在牧场周边按照标准配套种植，发展循环农业；配套粪污无害化处理设备，实现粪水的资源化利用；种植青储玉米等、生产优质饲料。

中垦牧乳业秉承慢生长之道来实现高质量的发展。虽然2022年全群奶牛单产超过12吨大关，川渝地区高温高湿的牧场也达到单产11吨，但企业并不过分追求奶牛单产，在保证生鲜乳质量全面优于欧盟标准的同时特别重视奶牛生产成本的最优化，致力于对当地优质饲草料的研究和转化利用。

商业模式：片区集约、多个中心、组团发展、联动支持

中垦牧乳业的商业模式经历了一个逐渐演变的过程（见表7-2）。在发展过程中，中垦牧乳业坚持以片区大城市为中心，建设了多个巴氏鲜奶产品的市场辐射区域，在新鲜化、高品质的基础上，利用全产业链优势，最终逐渐形成当前的商业模式，即片区集约、多个中心、组团发展、联动支持。

表 7-2　中垦牧乳业商业模式演变

时期	商业模式	具体内容	创新之处
成立初期	"三化一式"	新鲜化、本地化、高端化、组团式	1. 不"织网",只"画圈" 2. 不做"中转",只做"新鲜" 3. 不做乳业 2.0,直接升级乳业 3.0
中期	片区集约、多个中心、组团发展	以大城市为中心,建设多个巴氏鲜奶产品的市场辐射区域;产品区域差异化;地方乳企抱团发展	
当前	片区集约、多个中心、组团发展、联动支持	1. 由"点"及"面" 2. "点""点"差异(区域差异化) 3. 抱团发展	

成立初期,中垦牧乳业积极响应"三联"战略号召,整合全国农垦系统中的小乳企抱团发展,形成我国乳业发展的"国家队",创建了新鲜化、本地化、高端化、组团式的"三化一式"商业模式[一]:利用以中心城市为原点"画圈"的方式建立"多中心、组团式"的发展模式;不做常温奶中转,只专注于建立牧场、工厂、市场三位一体的运营体系,保证产品新鲜度,实现"零距离、一体化、24 小时"的商业模式;发展乳业 3.0,以信息技术为支撑发展"智慧乳业"。中垦牧乳业的商业模式从初期到当前的变化,最主要的是从以盈利为目的转变为以价值创造和系统管理为目的,在模式的整体框架上并没有很大的变化。

中垦牧乳业独特的商业模式有利于实现由"点"及"面"与"点""点"差异的协同共生。中垦牧乳业以区域大城市为中心持续地"画圈",由一个个区域中心最终实现向全国覆盖。中垦牧乳业利用区域型乳企的独特优势,进行产品差异化研发。研发团队根据不同区域的消费者口味的差异相应进行有针对性的研发,从而生产

[一] 袁燕梅,买天.重庆、宁夏、陕西三地垦区跨区组建乳业"国家队"——"中垦牧乳业"为我国乳业发展探路 [J]. 中国农垦,2015(06):10-11.

出具有区域口味差异的乳制品，以满足不同区域消费者的需求，这种构建"点""点"差异的能力是伊利、蒙牛这种全国性大企业所不及的。中垦牧乳业正积极寻找新的"点"，以加速达到覆盖"面"的目的。

片区集约。所谓片区集约，是指在充分利用一切资源的基础上，更合理地运用现代管理和技术，充分发挥区域市场的积极效应，以提高区域协同效率与效益的一种形式。中垦牧乳业在不同的区域内利用区域资源要素建设牧场和工厂，以此来提高区域内的生产效率和效益，同时也保证了产品的新鲜特质。中垦牧乳业并没有利用天友乳业到西北发展，而是在西北建立了华山牧乳业，依靠华山牧乳业的片区集约能力，开拓西北市场。

多个中心。中垦牧乳业在片区内主要以大城市为中心，建设多个巴氏鲜奶产品的市场辐射区域，从而形成了多个中心的商业发展模式。中垦牧乳业在西南以重庆为中心，在西北以陕西为中心，分别由天友乳业和华山牧乳业负责。多个中心的发展模式有益于企业更有针对性地深入本地市场，更好地做到本地化和差异化，满足消费者需求，也会在一定程度上提升顾客的忠诚度，从而形成可持续的竞争优势。

组团发展。多中心模式需要扩展区域牧场，牧场建设属于重资产投资，同时需要带动中下游的加工能力来满足消费者的需要。中垦牧乳业是全国第一家"中字头"乳企。基于企业规模和体量动态发展变化的特点，未来中垦牧乳业有可能存在有限资源投入和多个分中心稀释资源的矛盾。正是在这一背景下，中垦牧乳业旗下各单位在独立经营的基础上，抱团发展，保持各自市场经营优势的同时，共享联盟企业的安全奶源和资金保障，统分结合，组团发展，做强做大。①

联动支持。中垦牧乳业的产业链从牧场到工厂，品牌有华山牧、天友、奶气等，目前在人才使用、采购和市场渠道方面均已形成联动体系，可以做到集中采购，充分发挥产能优势。中垦牧乳业在产业链各管理体系方面也正积极开拓，确保全产业链协同发展，通过保持联动支持，切实提高企业的抗风险能力。目前中垦牧乳业已经形成全产业链协同发展优势，各关联公司在人才、市场、管理、技术等方面互联互通、相互支持，实现全产业链数据共享，抱团取暖、环环相扣、共同发展。

中垦牧乳业的全产业链运营对商业模式的支撑具有重要的意义。首先，正是有了从草场、牧场、工厂到市场的全产业链，产业链中的各要素协同发展、联动支持从而形成中垦牧乳业优势区域板块，才使得商业模式具有可实施和复制的现实意义。其次，"片区集约、多个中心"是在不同片区的中心点处，建设多个巴氏鲜奶产品的市场辐射区域，在保证产品品质的同时更深入本地市场，也即，品质是第一位的。最后，中垦牧乳业建立起了牧场到工厂、工厂到市场的产品新鲜半径，保证产品品质、鲜活度，发展定制区域差异化产品，进而形成中垦牧乳业高品质、鲜活度、差异化的可持续竞争优势。

中垦牧乳业独特的商业模式与全产业链协同的优势，助力中垦牧乳业在行业竞争日益加剧的影响下逐步形成了自身独特的竞争优势，铸就了"中垦牧模式"的内核——基于顾客特定需求塑造区域差异化，打造良品品质，复制区域差异化竞争优势，进而向全国扩

---

① 王义昭，王千六，王萌硕.打造中垦牧乳业公司建设农垦"大乳商"[J].中国农垦，2014(10)：12-14.

展,做乳制品行业的国有高端民族品牌。

高效的组织运行机制与能力保障

卓越的牧场管理团队

中垦牧乳业全产业链运营和商业模式的日益成熟得益于一个非常优秀的牧场管理团队,能够把中垦牧乳业建设万头牧场的经验陆续地进行复制,助力中垦牧乳业从西南市场扩张到西北市场,并在未来继续支撑更多市场区域的牧场建设。公司牧业板块的运营团队继承了公司近百年的养牛经验,同时广泛吸收了以色列、美国等奶牛养殖国家的先进理念,能够迅速引进国内外奶牛养殖先进技术、管理模式及设备设施,在牧场建设以及牧场繁育、饲喂、牛群管理等方面已成为国内奶牛养殖业界的翘楚。关于牧场管理团队的优势,中垦牧乳业董事长邱太明说:"以前天友主要的优势是在加工、销售端,短板在牧场端,建设万头牧场弥补了企业的短板,把产业链的整个链条协同了起来。"该团队相关的管理经验和专业素养可以保障中垦牧乳业自有牧场成为国内质量最好、最安全且成本最优化的牧场之一,能够支撑中垦牧乳业旗下的乳制品加工企业专注于生产高品质的优质乳制品。中垦牧乳业成立之后,牧场管理团队的协同优势发挥了极大的作用。

数字化的高效管理优势

中垦牧乳业以用户为中心建立公司的数字化体系,用五大智慧系统(智慧牧场、智慧工厂、智慧物流、智慧供应链和智慧营销)连通公司的全产业链,实现了产业链的高效协同。

智慧牧场。中垦牧乳业整合牧场管理系统、挤奶系统、TMR精准饲喂系统等信息化管理系统，通过在每一头奶牛身上佩戴"电子耳标"和"无线项圈"，自动收集奶牛全生命周期的喂养、配种、医疗等数据，经过中控平台整合分析后，出具每头牛的"体检报告"，牧场营养、育种、医疗等专业人员据此制订针对性的方案。

智慧工厂。中垦牧乳业建设打造数字化车间，建设多条自动化生产线，运用 PLC 中央控制系统、超洁净发酵罐、无菌空气和无菌水系统等先进技术，实现生产线全自动操作、生产参数自动记录、生产周期全程追溯，搭建 LIMS（实验室信息管理系统），自动获取、统计产品质量检测数据，精确区分产品质量的随机波动与异常波动情况，全面追溯样品、试剂、检验方法、设备仪器、环境条件、分析人员等信息，为产品质量追溯、精细化管理提供保障。

智慧物流。中垦牧乳业建设自动化立体仓库，采用仓储管理系统（WMS）和仓库控制系统（WCS）①进行成品仓储管理，有效提高了仓储运转效率。引进数字化车管系统，通过 SaaS 平台、GPS 等科技手段和大数据信息技术，提前分析、预测、决策、调控物流行为，实现运输线路、车型、空载配货、诚信体系的智能化运营管理。建立覆盖半径 1000 多千米、8 省 2900 余个网点的干线冷链物流运输网络，年运行里程逾 1000 万千米，年物流配送能力逾 30 万吨。

智慧供应链。中垦牧乳业以数字化技术改造企业供应链，集成建设 ERP、SRM（供应商管理系统）等系统，通过系统集成管理、财资税金一体化管理、生产管理、销售管理、采购管理、库存管

---

① 仓储管理系统（WMS），即 Warehouse Management System；仓库控制系统（WCS），即 Warehouse Control System。

理、质量管理、人资管理、主数据管理、其他业务应用管理等，实现管理高效化、数据一体化、决策数据化和风控标准化。

智慧营销。中垦牧乳业以用户为中心，对销售终端进行数字化改造，打造云商平台、数字业务中台和智能客服三大平台，实现对销售全生活场景下的线上、线下立体式服务，通过消费者数据分析、洞察，实现精准营销，更好地服务用户。中垦牧乳业还以数字化转型赋能全链创新，进一步完善乳业创新生态圈，打通企业内部管理，实现流程规范化，提升内部管理效率。

新机遇、新挑战

中国的乳业发展经历了乳业发展模式的不断规模化、标准化，到如今的消费升级，特别是近年来人民饮奶意识日益提高，未来乳业整体有着非常大的发展空间和发展潜力。根据相关研究机构的预测结果，中国乳制品消费人群较为广泛，且销售范围逐渐下沉至三四线城市；未来我国乳制品行业市场规模将会逐渐扩大，预计到2027年我国乳制品产量将在3400万吨左右，且产品将向高端化、品牌化发展[一]。

中垦牧乳业董事长邱太明在受访时表示："近10年来整个乳业的发展有了大幅度提升，规模化养殖上了一个大台阶，前端奶源质量方面持续向好，消费者的信心也非常足。2020年全国人均乳制品消费量才42.3千克，与世界发达国家相比，只有它们的三分之一，行业处于成长期，发展的空间仍然很大。各乳企要充分把握现

[一] 预见2022：《2022年中国乳制品行业全景图谱》（附市场现状、竞争格局和发展趋势等）。

在的发展机遇……"

下面结合中国乳制品行业的发展趋势，聚焦于功能性乳制品战略与相关挑战，对中垦牧乳业的未来发展提出几点可能的建议。

2019 年后的乳制品行业发展趋势

自 2019 年以来，人们愈发关注自身的免疫力和抵抗力的提高，饮奶意识显著提高，饮奶消耗量显著增加。消费者对"健康""绿色""养生""营养"等概念愈发关注，对乳制品的要求也越来越多元化、丰富化，消费水平不断升级。2022 年中国乳制品工业协会发布的《2022 中国奶商指数报告》指出，从 2018 年到 2022 年中国的奶商指数㊀一直在不断提高，报告同时提出"喝奶提升免疫力被广泛认可"的研究结论。与此同时，有关消费者选购食品所关注因素的调研报告显示，有超过七成的人关注营养健康，该因素被排在了整个消费需求的首位。㊁另有资料显示，全球保健品市场发展不断向暖，中国的膳食养生市场保持快速增长，通过补充膳食营养来增强体质的观念也得到了人们的广泛认可。㊂

与此同时，艾媒咨询分析师认为，国内乳制品行业的科技创新能力未能满足消费市场需求，本土品牌的高质量、可持续发展道路仍需加快步伐，而高端化、健康化、功能化的乳制品是未来的发展方向。对乳制品市场的分析表明，中国乳业正进入新一轮的增长通道，乳业市场稳步增长，为功能性乳制品提供了良好的发展环境。

㊀ 指数评判标准包括饮奶意识、饮奶知识、饮奶行为三个角度。

㊁ 来自 2022 年 12 月 29 日町芒研究院、申港证券有关消费者选购食品关注因素调研。

㊂ 2021 年中国膳食养生市场规模已过 5 000 亿元，近 10 年复合增长率超 9%。资料来源：亿欧智库《2022 年轻人膳食养生报告》。

1. 功能性乳制品的定义

功能性乳制品是在乳制品基础之上，精确添加一些功能成分或特殊营养物质所制得的乳制品，通过对其整体营养成分比例进行合理的调整，达到便于人体吸收利用、提升产品整体可接受性的目的；同时，根据特定人群的营养健康需求所开发出的具有特定生理功能的乳制品，也属于功能性乳制品。现阶段而言，行业内已有多种功能性乳制品的开发途径，如使用牛初乳开发天然功能性乳制品，利用益生菌开发功能性发酵乳制品，运用酶制剂分解牛乳中的乳糖开发低乳糖乳制品等。在低温酸奶品类全国市场中，功能性酸奶细分品类销售额占比19%，占比排名第二。

2. 功能性乳制品的发展趋势

2022年低温酸奶整体呈现下滑趋势，全国市场低温酸奶品类中功能性酸奶细分品类销售额同比下滑24.9%，主打添加益生菌、维持肠道健康功能的伊利畅轻、蒙牛冠益乳，两个龙头企业的拳头老牌酸奶产品皆呈现30%以上的降幅，重庆市场功能性酸奶细分品类销售额同比下滑28%。由于教育成本低，信任门槛低等原因，伊利畅轻逐渐从功能性酸奶定位拓展至"0添加""0蔗糖"等新概念。

3. 功能性乳制品频繁下架

《中华人民共和国食品安全法实施条例》第三十八条第一款规定："对保健食品之外的其他食品，不得声称具有保健功能。"该条例说明，只有依法经过食品安全监督管理部门的注册或备案后，具有相关功能的乳制品才能宣称自己是保健食品。例如，养乐多因宣传产品对防治新冠病毒感染有一定作用，但其未获得保健产品的注册或备案，最终被上海浦东新区市场监管局罚款 45 万元○。

　　与此同时，行业内还出现了许多功能性乳制品下架的现象，这与市场监管严格背景下产品的功能性价值不能正面宣传有关。此外，还有两个重要的原因导致了这一现象：

　　（1）低温酸奶品类下滑。2020～2021 年连续 2 年全国市场低温鲜奶和常温白奶两大品类皆呈双位数增长，但低温酸奶因其零食化、休闲化特征被更多其他食品、街饮替代，连续 3 年以上呈 10% 左右下滑趋势；伊利畅轻、蒙牛冠益乳也把功能诉求向 0 添加、复合水果风味方向转移，降低了纯功能诉求的市场沟通成本。

　　（2）功能性酸奶的用户体验不明显。功能食品≠功能药品，功能价值传递路径复杂，且功能性酸奶无法在短时间达到消费者预期的如"通便""美肤"等功能效果，体验感不明显，用户黏性偏低，容易被替代或转化。另外，功能性酸奶添加了更多功能菌种和配料，成本高、市场定位高，因此价格略高于普通产品，导致在经济下行的情况下，消费者会更慎重选择此类高价格、见效慢的产品。过去几年消费者更加注重身体健康，对益生菌有益肠道健康的认知更加深入。未来经济恢复后，功能性酸奶会逐渐崛起，摄入益生菌、促进肠道健康依旧是市场风向。

中垦牧乳业的探索和未来展望

　　2022 年，中垦牧乳业销售总额 30.33 亿元，在西南市场的市场

○ 据信用中国平台信息，上海益力多乳品有限公司旗下养乐多品牌曾在 2020 年 4 月宣传"益生菌在新冠病毒防治中有重要作用"，并引用《新型冠状病毒感染的肺炎诊疗方案》为依据，宣传"肠道内的有益菌会随人体正常排泄而流失，所以需要每天补充活性益生菌，保持肠内菌群平衡"。

占有率为24.5%，线上销售投入逐渐增多。综合消费者购物模式、渠道发展、消费者品类认知以及行业推动等诸多因素，消费者线上和线下购物的比例有了颠覆性的变化[注]，各品牌在线下的投入越来越低，线上购买渠道、方式越来越丰富。与此同时，线上购买"内卷"越来越严重，各环节价格也越来越透明，品牌如何进行线上、线下营销越来越重要。在此背景下，如何开发功能性乳制品这一战场，是中国乳制品各大企业都需要面对的战略课题。

中垦牧乳业一直在功能性乳制品这一赛道上积极开拓，中垦牧乳业市场部和研发中心紧密联合，一方面开发满足消费者对肠道健康需求的乳制品产品，另一方面实现公司自有知识产权菌种的转化落地，推进"固液并举"的产业布局。中垦牧乳业与中国农业大学首次联合研发了一款具有预防肥胖功效的益生菌——乳双歧杆菌TY-S01，即天友001号菌种。公司基于这一技术，结合西南地区人群重油重辣的饮食特征，搭配其他4株明星益生菌，一同构成了天友K油君益生菌粉，切入肠道健康赛道。2022年K油君销售额172万元，毛利132万元，毛利率达76%。中垦牧乳业在K油君产品上的表现可成为一个重要的标杆，未来中垦牧乳业可在类似方向上复制核心竞争优势，一方面继续秉承良品文化，坚守食品安全和法律法规的红线，在法律允许的范围内开发和宣传相关产品；另一方面让大众真正体验到来自中垦牧乳业的功能性乳制品的切实效果。

在线上竞争日益激烈，行业面临消费升级的大趋势下，中垦牧乳业应将功能性乳制品上升到战略的高度，与中垦牧乳业迈向全

[注] 从盒马鲜生的数据来看，线上购买已占到其销售额近七成。

国性规模乳企的战略目标相协同，特别是撬动企业在"鲜活"的产品属性和全产业链运营上的优势，发挥中垦牧乳业独特的商业模式的作用，扩大功能性乳制品的研发、生产和推广，助力中垦牧乳业品牌在区域高端市场的影响力。在常温奶市场赛道上，中垦牧乳业可进一步定位更广阔的区域市场，借助更有力的品牌营销策略，夯实和丰富"良品文化"，讲好各种版本的"新鲜故事"。在开拓城市市场的同时，挖掘乡村潜在市场，助力中垦牧乳业获取更大的市场规模和影响力。在新市场开拓过程中，中垦牧乳业应更好地了解竞争对手，特别是在乳制品行业的第一梯队和第二梯队的企业，应通过应用"红队战略"⊖，在城市中高端市场和广大的乡村市场等不同战线上，强化自身战斗力。

| 专家洞察 |

中垦牧乳业的价值共生与韧性成长

中国的乳制品行业如中垦牧乳业这样有厚重历史背景，在区域市场深耕，走出了一条跟其他乳企不同的发展道路的企业并不多。多年来中垦牧乳业一直处于行业前二十的中坚位置，产品种类百余种，低温奶和常温奶的产品结构占比为 7∶3，品牌调性在于"鲜"。中垦牧乳业的成长与管理的经验可归纳为：洞悉乳制品行业

⊖ 红队战略（red team strategy）缘起于军队，是指人为地在组织中设置一支"敌军"，以模拟攻击、压力测试的方式去找出战略和计划中的漏洞。在企业中是指在组织内建立一个"红队"作为企业的"竞争对手"，通过模拟和测试找出企业当前战略或计划中的漏洞，进而用以击败真正的竞争对手。具体观点及其应用可参见：SUN S L., ZHANG Y, et al. (2021). Turning Disruption into Growth Opportunity: The Red Team Strategy. *Journal of Business Strategy*.

本质，消费把脉准；良品自源头，技术保品质；市场集中化，区域稳健行。

首先，洞悉乳制品行业本质，消费把脉准。在高品质可持续发展的方向上夯实战略定位。中垦牧乳业洞悉我国乳制品行业的发展规律，把握乳制品消费的升级大势，特别是健康、鲜活与功能口感差异的高品质消费需求的快速增长，坚持定位巴氏低温奶制品为主导的技术与产品"主航道"，满足消费者高品质需求的同时，避开了常温奶竞争的"红海"。

其次，良品自源头，技术保品质。中垦牧乳业自成立以来选择自然生态条件优质地域自建牧场与工厂，100%自有牧场奶源供应，建立了"种、养、加、研、运、销"一体化的、完整的、自主可控奶业产业链，从价值链、产业链源头做起，所产乳制品切实做到了全程可控制、可追溯、高质量、高鲜活度。中垦牧乳业在技术上继承了农垦系统重视技术品质的一贯传统，乳制品品质高于欧盟、美国标准，在西北产业平台的华山牧乳业做工业4.0范本的智能化工厂，以全产业链+技术+互联网优势，夯实"良品自源头，鲜活新高度"。

最后，市场集中化，区域稳健行。中垦牧乳业采用集中分布扩张战略，以西南、西北为主要市场，稳健经营，同时向其他区域有序扩张。中垦牧乳业拥有按区域消费者需求定制化产品品质的技术研发实力和市场沟通能力，同时拥有自建万头奶牛牧场的团队技术优势，助力公司在全国重点区域范围内继续打造产业链前端优势。中垦牧乳业以天友、华山牧、奶气三品牌联动，深耕城市与乡村消费人群和商圈，在巴氏奶、鲜奶、酸奶等低温主打产品上形成核心竞争优势。中垦牧乳业通过集中分布扩张战略和区域片区的管理模式，逐步推进全国布局，并继续以产品质量赢得消费者的认可。

中垦牧乳业的典型之处就在于自始至终的良品文化，作为从区域型国有乳企向全国型国有乳企转型的典范，有序发展，逐步扩张，在做强做大民族乳业品牌这条道路上，稳扎稳打，信心十足。

作者简介 ————————————

任　兵

中国管理模式 50 人 + 论坛成员
南开大学商学院企业管理系教授

乐国林

中国管理模式 50 人 + 论坛 2022 年度轮值主席
青岛理工大学图书馆馆长、教授

武玲玉

山东财经大学工商管理专业在读本科生

王芳芳

内蒙古财经大学企业管理专业在读研究生

李康康

西北大学会计学专业在读本科生

王富林

河南济源钢铁（集团）有限公司招募培训专员

第八章

明泉化工
现代绿色化工企业的数字化转型之路

| 企业速写 |

明泉集团股份有限公司（以下简称"明泉"）的前身是济南市明水化肥厂，始建于1958年，作为全国首批确定的13套小氮肥示范厂之一，明泉见证了中国氮肥工业的起步和发展。明水化肥厂投产后结束了山东没有化肥的历史，叱咤风云半个多世纪，被誉为氮肥行业的"常青树"。

进入21世纪，随着大量资本的涌入，大型化肥厂兴起，我国氮肥行业的竞争日益激烈。至2013年，氮肥行业已面临产能过剩的困局，同年8月发生的安全事故更是将明泉推向了绝境。

时任副董事长的孙洪海临危受命，出任明泉党委书记、董事长，提出"借搬迁之机实现转型升级"的发展构想和"未来3～5年再造一个全新明化"的目标。2013年9月，明泉启动退城进园工程，整体搬迁至章丘区刁镇化工产业园内，就此落地生根，开启了明泉发展史上不平凡的10年。

2013年底,明泉壮士断腕,毅然决然地"砍"掉了12家子公司,集中资源回归主业、做精主业。同年启动包含22项技改项目的大平衡改造,历时16个月,于2015年4月圆满落幕,达成了氨醇日均产量提高约1000吨、产量柔性调控等目标,实现了产出效益最大化。

2015年6月,甲醛吡啶联合装置项目一次开车成功。至2022年时吡啶市占率已位列行业前三,明泉借此跨入高端精细化工领域,多项技术获得国家专利。2015年6月30日,整个老厂区拆除工作全部结束,实现了系统处理、装置拆除的全过程安全作业,达成"城市安全、城市环保、城市空间拓展、优化生态环境、企业转型升级"五项综合社会效益。

明泉积极推进基础产业新旧动能转换,在2013年至2022年投资超100亿元,采用先进的加压气化技术,先后建成MTA(洁净煤气化)项目、明升达退城进园项目和明化技改项目,目前合成氨、尿素总产能跻身山东省内前列、国内行业第一梯队。2016年底,明泉确立了"新三高"发展战略,光敏聚酰亚胺(PSPI)、聚苯硫醚(PPS)系列高分子材料项目的研发和产业化目前已取得突破性进展,为我国高水平科技自立自强和地方经济社会高质量发展贡献了力量。2021年,明泉启动数字化交付项目,在数字化转型道路上前进了一大步。

2022年明泉拥有员工3 000余人,经营规模100亿元,主导产品有尿素、液氨、甲醇、过氧化氢、吡啶、3-甲基吡啶、聚苯硫醚、均四甲苯等,各项经济技术指标处于国内同行业先进水平,下属子公司中有5家国家级高新技术企业、3个省级企业技术中心。明泉秉持"惠及员工"的发展理念和"德才兼备、以德为先"的人才理念,建立了管理、技术、工人3个序列的员工晋升通道体系,不断提高员工福利待遇,并着力打造企业文化,激发企业内生动力。

明泉坚持走"基础产业牢固、高新技术突出"的发展道路,推动基础产业巩固、优化、提升和延链,全面发力高分子新材料和高端化学品产业。明泉已进入高质量稳定发展的新阶段。

未来三年,明泉有望实现200亿元的产能规模。明泉计划依靠基础产业的延链和高端产业的市场开拓,10年后实现年度100亿美元的经营规模。明泉在巩固基础、发力高端的同时,开启了数字化转型之路。绿色发展、价值共生两大维度也贯穿了其整个转型与发展过程,成就了"明德兴业,至善源泉"的明泉。

| 企业案例 |

数字化转型战略的源起与远景

绿色发展引领明泉数字化转型

"绿水青山就是金山银山"理念的提出,对明泉这类传统化工厂来说既是挑战,也是机遇。自2013年启动搬迁、退城进园以来,贯彻落实"双碳"政策,坚持走可持续发展道路也是明泉的立业之本。明泉在启动搬迁之初虽然缺乏资金、技术、人才等,但仍选择启动MTA项目,并先后实施明升达退城进园项目和明化技改项目;2016年确立"新三高"发展战略,芯片封装用关键材料PSPI和八大宇航材料之一的PPS的研发和产业化取得重要突破;先后推出安全管理提升项目、双重预防体系、安全标准化项目和安全信息化平台,不断提升本质安全水平。明泉实现了传统化工厂到绿色现代化工企业的华丽转身,为传统化工企业的绿色转型交出了一份满分答卷,绿色化、高端化、智能化是明泉数字化转型路上的指路明灯。

价值共生绘制明泉智能工厂远景

价值共生、合作共赢一直是明泉新时代发展道路上永恒不变的主题。在 MTA 项目建设过程中，明泉提出了"搭建平台、整合资源、科学发展、诚信共赢"的合作发展理念。以 MTA 项目为平台，明泉在融资模式、项目管理、技术工艺上均取得创新，和多家大型企业达成合作，充分整合、利用资源，攻克智能自动化控制难题，确保项目的顺利实施为了解决缺资金、缺技术、缺人才的难题，明泉缺资金就创新融资模式；缺技术就虚心求教，引进技术；缺人才就打破常规，招揽人才。在采销交易环节上，明泉通过数字化实现了以产品为中心到以客户为中心的转变，连接全球客户、供应商，帮助企业实现了采销最佳决策和高效协同。

此外，明泉持续推动智能化工厂建设，以生产和管理为两大主线，构建数字化交付平台、智慧管理平台和工业互联网平台这三大平台，以实现保安全、保稳定、可预判、提高效益、可减人、可追溯六大目标。在数字化战略的推动下，明泉实现了员工、客户、供应商、社会的价值共创、价值共享与价值提升。

转型实践三阶段

中国石油和化学工业联合会科技部研究员李文军表示，近年来，在政策扶持、企业致力转型发展的背景下，化工行业中已有部分龙头企业向智能化迈出了坚实的一步，信息化和智能化水平取得了突破性进展，但与国际发达国家相比，我国化工行业总体智能化水平还处在初级阶段。明泉作为济南化工行业的龙头企业，不外如是。

在 2022 年施耐德电气化工油气行业云端峰会上，明泉分享了集团数字化转型过程中的经验："企业需立足长远，绝不能生搬硬套其他企业的数字化转型模式,应聚焦自身痛点,有计划、分阶段地逐步实现数字化转型。第一,夯实基础是关键,要高度重视人员培训和运行的智能化;第二,要聚焦不同工艺的特性需求,以先进控制系统为基础,实现工厂设备的平稳运行与'无人值守'的智能操作和运维;第三,实现企业生产运行的全面智能化,从而提升产能与经济效益。"在具体的执行过程中,明泉的数字化战略演进分为以下三个阶段。

绿色转型:奠定数字化转型基础

明泉的前身明水化肥厂自1958年建立,叱咤风云超半个世纪,被誉为氮肥行业"常青树",是我国首批13套小氮肥项目中仅存的硕果。然而,进入21世纪后,明泉遭遇了生存危机。一方面,我国化肥行业涌入大量资本,竞争日益激烈,产能过剩,供需关系失衡导致产品价格暴跌;另一方面,明泉传统的生产与管理方式已经不能适应新时代对化工企业的要求,公司产品高成本、低创新,缺乏市场竞争力,经营状况严重恶化。特别是2013年8月的安全事故,将企业推向了绝境。新上任的管理团队背水一战,提出了"借搬迁之机实现转型升级"的发展构想和"未来3～5年再造一个全新明化"的目标,明确了"回归主业、做精主业、做强主业"的发展思路。2013年9月,明泉永久关停了位于章丘城区的生产装置,正式启动搬迁、退城进园项目,开启了明泉绿色化转型之路。

1. 新旧动能转换"三大战役"

2013～2022年,明泉采用先进的加压气化技术,建成了

MTA 项目、明升达退城进园项目和明化技改项目，实现了新旧动能转换，自此走上了化肥和化工新材料双引擎的发展道路。

2017 年 7 月，MTA 项目一次开车成功，企业生产效率、安全和环保水平也得到很大程度的提高。MTA 顺利投产后，明泉就紧锣密鼓地开始了新一程转型之路。仅三天后，第二套加压气化项目——明升达退城进园项目宣布全面启动，历时三年，2020 年 7 月一次投产成功。明泉提出"三岛一圈"发展理念，构建以"气体功能岛""动力功能岛""环保功能岛"为核心的绿色、高效、高端产业生态圈。明化技改项目作为第三套加压气化项目，在 2022 年底投产，全面投产后氨醇总产能目标为 200 万吨 / 年。明化技改项目的开车成功意味着明泉全面完成了基础产业的新旧动能转换。

2. 发力高分子新材料

2016 年底，明泉确立了"采用高技术、研发生产高分子材料和高端化学品、实现高附加值"的"新三高"发展战略，在北京、上海、成都等地设立了研发中心。PSPI 是芯片封装的关键材料，被广泛应用于光刻胶和电子封装。一直以来，PSPI 市场主要由国外公司掌控，国内受限于落后的生产技术，市场需求基本依赖进口。在"中国制造 2025"政策的支持下，我国工业、机械、电子等领域皆进入国产化替代阶段，国内企业对于 PSPI 生产技术的研究不断深入，部分企业已经掌握该技术，明泉就是其中之一。明泉的 PPS、PSPI 项目设计产能均为目前同行业最大，投产后公司将凭借技术先进性和市场占有率，成为行业龙头企业。公司以此两大高分子材料项目建设为主导，设立了"济南明泉中科高分子材料产业基地"，致力于实现高分子材料产业集群化发展。PPS、PSPI 项目的顺利实施，标志着明泉向"基础产业牢固、高新技术突出"的高科技企业又迈进了一步。

3. 安全管理项目建设

为提升本质安全，明泉携手瑞迈公司启动安全管理提升项目、双重预防体系和安全标准化项目。项目 2018 年启动，2021 年 3 月全面实施完成，其间对企业安全生产六大专业要素进行梳理，形成了一套标准化、规范化、可持续化的流程体系。2022 年 5 月，明泉启动了安全信息化平台建设，通过安全信息化平台培训教育模块的建设，将各类安全证件、安全培训、基础考核等管理进一步规范化，实现了人员三级培训、日常考核、特种作业证、公司安全许可证等流程化管理，提高了管理标准和迎检效率。安全信息化平台建设可实现智能视频监控、人员定位管理，并与双重预防体系、重大危险源风险监测预警等外部监管平台相结合，可切实提高生产系统的本质安全管理水平。

定位"价格发现"，创新竞拍模式，谋互联网兴企

绿色低碳不是目的，而是起点。在经历退城进园、3 套技改项目和确立"新三高"发展战略后，转型发展的道路上，明泉已阔步迈入快速、高质量、轻资产发展的新阶段。

互联网时代下，我国能化行业管理模式逐渐转向精细化、系统化和智能化，这对原料设备、控制技术、采销交易流程提出了更高要求。明泉电商中心自成立以来，一直致力于探索如何让甲醇、尿素这一类大宗商品走上"产业互联网"，构建能化行业互联新生态。经过多方摸索、不断改进，明泉销售团队将"以实际交易为核心，

以价格发现为切入点"确定为电商平台业务的主基调,这一营销特点在整个煤化工产业里也是别具一格。

2022年1月明泉与金蝶联合开发的"明泉竞拍"小程序正式上线,主导产品实现了在线竞拍下单,并与明泉核心云星空系统实现了互联互通,它们在关注价格的同时,注重协调统筹出货的节奏,以保证生产的安全稳定和现金流的持续。截至2022年底,明泉在其电商平台上进行了约2 200次产品销售竞拍,在线交易额突破2亿元,而且"自由竞拍""量价统筹""无障碍切入""实体价格与碳排放交易效益对比"等一系列既实用又有前瞻性的概念和创新被引入了"明泉竞拍",以"明泉竞拍"为核心的业务模块2022年通过国家"两化融合"A级审定,并获得"中国数字化数字突破实践奖"。截至2022年底,明泉已获得13项专利(部分在途),为数字化转型发展奠定了重要的基础,积累了极有参考价值的实战数据,为煤化工产业互联网走出了一条独特的创新之路。

打造智能工厂,塑造行业数字化新业态

化工油气作为流程工业的典型代表,其"数字化转型"已成为行业的重要战略选择。智能工厂建设,不仅是智能制造的重要实践领域,更是企业提质增效、实现数字化转型、增强核心竞争力的重要载体。一直以来,明泉十分重视打造数字化能力,基于"安全可靠、智能无人化、经济效益可行"的建设原则,以业务战略为核心驱动,采取自上而下的顶层设计原则,携手施耐德电气一同绘制智能工厂远景。

明泉围绕生产和管理两大主线,构建数字化交付平台、智慧管理平台和工业互联网平台三大平台,全力打造明泉智能工厂。

1. 数字化交付平台

数字化交付是智能工厂建设的重要基础。施耐德电气依托 AVEVA AIM（资产信息管理平台）强大的数据处理能力，助力明泉打造资产数据底座，在保证系统的安全稳定性得到提升的同时，完成了高质量的工程数据移交，顺利实现了数字化交付。明泉于 2021 年启动数字化交付项目，2022 年 6 月完成大多数装置的三维建模、智能 PID（工艺流程图）的绘制，7 月底竣工投用。

数字化交付项目将明泉旗下三大基础业务板块囊括其中，全方位促进明泉的数智转型。在数字化交付项目的建设阶段，明泉通过采用 AVEVA PI（工厂信息系统）建立实时数据库，构建生产运营过程数据底座，建立三维可视化的虚拟工厂管理平台，推进涉及厂区装置、工艺、报警、能耗、设备等多方面管理的智能化进程。在运营阶段，施耐德推行"多管齐下"的优化方式，深入挖掘数据价值，将 AVEVA APC（先进过程控制）和 AVEVA RTO（工艺实时优化）相结合，综合运用 AVEVA PI 工业大数据管理平台与 AVEVA UOC（一体化运营中心）构建管理资产信息和运营信息的统一平台，实现了化工全生命周期的数字化赋能。施耐德电气以数字化交付项目为契机，为明泉制定了覆盖业务流程、技术、组织等多层面的智能化规划框架，自上而下地逐步构建先进、实用的企业信息化长期发展战略。

2. 智慧管理平台

明泉智慧管理平台包括智慧物流系统、智能成品库机器人项目、智能机器人立体库项目，2022 年 6 月实现全面上线运行。从此，明泉的工作效率和管理水平有了质的跃迁。

智慧物流系统的成功上线，让产品运输车辆在厂区的停留时间直接缩短了一半，效率提升幅度惊人。智能成品库机器人项目、智能机器人立体库项目的实施，促成了成品库的智能化操作，高效率、高安全性的运作方式彻底改变了工厂实地管理模式，降低了人工成本，提高了成品库管理水平。

一般而言，在化工油气行业，过程控制与电气控制的设计和运行都是彼此独立的，两个业务流程无法共享数据，成了"数据孤岛"，从而导致工厂无法全面、快速、精准地做出决策，如何保证数据传输过程中的准确性与安全性是一大难题。施耐德电气融合 AVEVA 软件解决方案的一体化过程自动化与配电管理解决方案（EcoStruxure™ Power & Process），可以让生产操作人员及时、直观地了解设备运行状态，识别潜在风险；或者通过电气设备的预警信号，提前进行维护操作，确保可持续运行；或者通过事件快速诊断、快速启动，减少宕机带来的损失，让生产过程信息、配电系统信息更加透明、直观，从而指导优化生产过程、指导效率提升。

曾有记者到明泉实地探访过，她谈到，在明泉的生产车间，机器人随时巡检，设备故障第一时间报警，曾经的"跑冒滴漏"现象基本不见了。这些正是明泉上线智慧管理平台的硕果。智能化改造已是化工企业提升生产效能的一条必经之路。

3. 工业互联网平台

2020 年 12 月 18 日，浪潮、中国移动等 10 家工业互联网服务商走进明泉，旨在搭建工业互联网供需对接平台，组织专家对明泉开展数字化转型诊断，推进工业互联网服务商解决方案和企业需求高效精准对接。此外，浪潮针对工业园区的数字化转型需求构建了

"1+N+M"业务架构,即基于 1 个以浪潮云洲工业互联网平台为核心的工业互联网基础设施,打造 N 个产业集群示范标杆、M 个先进制造示范标杆,面向政府侧和企业侧提供一体化服务。在浪潮的助力下,明泉推进"平台+园区"融合发展模式,通过赋能,发挥工业互联网平台的"连接·安全·机理模型"价值,跨越"数字鸿沟",实现了自动装车、安全生产、能源监管等多维度智能化改造。

数字化转型中的"明泉"精神

员工第一,明泉数字化转型中的以人为本

明泉始终将"百年企业、辉光日新、惠及员工、回报社会"这一文化理念作为企业发展和员工工作的指导原则。2013 年底,明泉提出了"回归主业、做精主业、做强主业"的发展定位,在改旧换新的同时,领导层破釜沉舟,"砍"掉了包括"北四厂"在内的 12 家子公司,集中资源回归主业。大刀阔斧的改革对企业来说是一项巨大的挑战,首当其冲的当属人员转岗分流安置问题。尽管面临重重困难,但明泉依然坚守"员工第一、客户第二、股东第三、社会第四"的四大关系处理原则,最大限度地保障员工权益,以"积极应对、稳妥处置、两手齐抓"为工作方针,最终顺利解决了人员的分流安置问题。2018 年 11 月,明泉正式启动三项制度改革,包括企业文化重塑、用人制度改革和分配制度改革,通过实施模拟股份制,增强员工凝聚力,实现员工与企业共创价值、共担风险、共享成果,激发企业内生动力。

绿色发展，明泉数字化转型中的韧性成长

自 2013 年启动搬迁、退城进园后，明泉始终坚持绿色、高效、高端的发展理念，紧跟时代步伐，贯彻落实国家"双碳"政策，并且抓住了山东省新旧动能转换的历史机遇，通过搬迁给自己搬"活"了，为之后的数字化转型打下了坚实的基础。

启动搬迁之初，在资源极度匮乏的情况下，明泉仍坚持走可持续发展道路，力排万难，采用加压气化工艺来建设洁净煤气化项目（MTA 项目）。为了攻克资金、技术、人才短缺等难关，明泉寻求突破，不破不立，在融资模式、项目管理和技术工艺方面进行了一系列改革创新。在融资模式方面，明泉创新性地提出"公司自主出资＋金融机构融资＋第三方优质资源注资"的新思路，将三方资源聚合到一起，与十几家大型企业实现战略合作，解决了资金来源问题。在项目管理方面，明泉认为，技术可靠性应当作为第一参考指标，先进性紧随其后，而价格是最后需要考虑的因素，这也就确保了企业项目建设的高可靠性。在技术工艺方面，明泉加大研发经费投入，引进人才，自主攻克智能自动化控制难题。在全体明泉人的努力下，难题得以攻克。2017 年 7 月，MTA 项目一次开车成功，这意味着明泉新旧动能转换的初步完成，"借搬迁之机实现企业转型升级发展"的目标得以实现，明泉觅得企业发展新机遇。

在 MTA 项目投产后，有胆识、有魄力的领导层抓住企业每一个发展升级的机会，顶住各方压力，集中资源陆续启动了明升达退城进园项目、明化技改项目。明化技改项目在实施过程中也并非一帆风顺，2020 年初疫情暴发，明泉不可避免受到了影响，当时正在建设的明化技改项目也因此受阻。明泉凝聚所有员工的力量，共

克时艰，调配各方资源，最终在 2022 年 12 月实现投产。

实业报国，明泉数字化转型中的长期主义

明泉始终秉持"实业报国"的初心使命，将企业的发展与国家的发展紧密联系在一起，长期贯彻落实"双碳"政策。

明泉于 2013 年启动退城进园；2016 年将"新三高"确立为企业发展战略，全力推进 PSPI 和 PPS 项目，在培育企业发展新动能的同时，为我国新材料领域突破关键核心技术、摆脱受制于人的被动局面贡献力量；2017 年投资 37 亿元启动明升达退城进园项目，构建绿色、高效、高端"产业生态圈"；2021 年启动数字化交付项目，全力打造智能工厂，为工业和信息化部的"百园千行"活动提供支撑。

2013 年至今，明泉的数字化转型道路仍在继续。

数字化转型历程的再回顾

自 2013 年启动搬迁、退城进园伊始，明泉就开启了数字化转型之路。

明泉的绿色化与数字化转型是相辅相成的，数字化转型是实现绿色化的必经之路，而绿色化也是传统化工企业实现数字化转型的基础。秉持"绿水青山就是金山银山"的发展理念，明泉启动了 MTA 项目、明升达退城进园项目和明化技改项目三大项目，全面完成了基础产业传统动能的改造与提升；确定"新三高"发展战略，向高科技企业目标奋进；推进安全管理项目建设，提升本质安全。而在这些项目的实施过程中，明泉实现了融资模式、管理模式和技

艺的创新，积累了信息化转型的经验，为全力打造智能工厂奠定了坚实基础。

在采销交易环节上，明泉携手化多多构建了定制化采销平台，从而打通了企业交易的整个产业链，将生产厂商、供应商、经销商、零售商、终端用户等都整合到一起，实现了产业链的协同高效，推动了"市场需求—生产—销售—采购"这一整条供应链上各环节的业务流程重组和协同合作，减少了不必要的重复和浪费，实现了从以产品为中心到以客户为中心的转变。

明泉以生产和管理为主线，构建数字化交付平台、智慧管理平台和工业互联网平台三大平台，全力打造明泉智能工厂。依托AVEVA提供的各类信息化平台与工业互联网，打破数据孤岛，实现数据的获取和互联互通，致力实现化工全生命周期的数字化赋能，实现绿色化、高端化、智能化的目标。

未来，明泉将以智能工厂业务管控升级为基础，持续深化辅助性功能，提升改造智能化水平，以实现保安全、保稳定、可预判、提高效益、可减人、可追溯六大目标。

明泉数字化转型的三大特色

不同行业、不同企业，其工艺路线、生产模式各不相同。因此，在数字化转型方案的设计上，每家企业的切入点都不尽相同，数字化的需求也存在很大差异。回顾明泉数字化转型道路，明泉一直从整体规划出发，聚焦自身痛点，多阶段逐步打造数字化转型能力。明泉的数字化转型方案充分考虑自身所处的化工行业的特点与企业自身的特性，走出一条"明泉特色"的数字化转型之路。

1. 做好顶层设计，坚持绿色发展

做好顶层设计，坚持绿色发展，不仅是社会对明泉这一类化工企业的要求，更是其数字化转型的必经之路，"化茧成蝶"，必先厚积而后薄发。

正如明泉信息化处长焦一峰所说，实现企业数字化转型，应采取自上而下的顶层设计原则，以业务战略为驱动，打造出整体的智能化实施路径与方法。这一观点也体现了，在"双碳"目标下，社会对明泉这一类具有高耗能、高污染特性的化工企业提出了更高要求。因此在数字化转型道路上，明泉铭记责任，结合自身所处化工行业的特性，以实现绿色、高效、可持续发展为理念，秉持"数字化转型要服务于企业的整体战略"这一设计理念，构建好统一基础平台底座，绘制出数字化转型的路线图，列出任务清单，逐条解决问题。

明泉要做的不仅是数字化转型，更是绿色的数字化转型，因此，树立"绿色、高效、可持续"发展理念、实现高质量发展是明泉数字化转型道路上夯实基础的第一步。2013年，明泉启动搬迁、退城进园，打响了企业转型发展的第一枪。在之后的9年里，明泉启动了MTA项目、明升达退城进园项目和明化技改项目三大项目，全面完成了基础产业传统动能的改造与提升。不仅如此，2016年，明泉就确立了"新三高"发展战略，不再拘囿于化肥这一亩三分地，而是向高科技企业目标奋进，全力推进PSPI和PPS两大高分子材料项目，为我国新材料领域突破关键核心技术、摆脱受制于人的被动局面贡献力量。经过这一系列战略布局，明泉已然实现了从"氮肥十三小"到现代化工和新材料企业的蜕变，为企业布局工业互联网、打造智能工厂奠定了基础。

2. 推出 B2B 电商平台，打造数字化供应链

推出 B2B 电商平台，打造数字化供应链，是化工企业数字化转型的主要应用体现。

化工行业 SKU（最小存货单位）数量极大、产业链庞大且复杂，从供到采到销，整个交易过程是低效且不优化的。因此，打造数字化供应链，从而提高自身核心竞争力，降低生产成本和运营成本，在提高盈利能力的同时保持高价值，为内外部利益相关者提供服务，提升双方的协同能力与供应链效率，是整个化工行业的发展方向。

明泉很早就成立了电商中心，致力于探索如何让大宗商品走上"产业互联网"这条快车道。为了进一步优化整个采销交易环节，明泉先后同阿里巴巴、甲醇网、化多多等达成深度合作，2022年1月，明泉正式推出"明泉竞拍"电商平台，同时整合了隆众资讯、永安期货等企业的信息资源，形成了信息流、业务流、物流、资金流一体化管理模式。明泉招标中心采用阿里巴巴的全球采购平台，提供客商管理、交易定价、计划发运、采销协同、采销优化五大服务，使集团的供应链由企业级上升到产业级，将交易所涉及的各种角色（生产厂商、供应商、经销商、零售商、终端用户等）都整合到互联网电商平台这个功能性网链结构上，加速化工交易产业链条的协同，缩短供应链交易环节流程、供应信息透明公开，进一步推动"市场需求—生产—销售—采购"这一整条供应链上各环节的业务流程重组和协同合作，减少不必要的重复和浪费，实现优势互补。

3. 重视企业文化塑造，推出培训管理系统

重视企业文化塑造，推出培训管理系统，明泉顺利实现从传统系统到数字化流程系统的过渡，为其他企业提供了范本。

数字化转型并不是简单砸钱、花钱部署各种软件，而是深入企业肌理的全面经营升级，其关键归根结底在于人的转型，在于企业治理的转型，在于工作方法论的转型。有很多企业制定了数字化战略，也花精力部署了合适的软件，但是由于缺乏内部数字化理念的宣讲和数字化工作方法的培训，数字化系统并未得到广泛认同甚至引起相关员工的反感。最终，数字化工具无法得到很好的利用，企业数字化转型之路一波三折。

明泉在数字化转型过程中，不仅重视企业文化塑造，启动制度改革，增强企业上下凝聚力，激发内生动力，而且还推出智能化培训管理系统，平稳地实现了从传统流程到数字化流程的过渡。

企业文化的塑造并非一朝一夕之事，自建立伊始，明泉就一直重视企业文化建设，坚守"员工第一、客户第二、股东第三、社会第四"的四大关系处理原则，无论是2013年企业退城进园命悬一线之际，还是2020年初疫情来临共克时艰之时，明泉都做到了以人为本、员工为先，最大限度地保障员工权益。不仅如此，2018年11月，明泉启动了企业文化重塑、用人制度改革和分配制度改革这三项制度改革。企业文化重塑是塑造以"自强不息、自利利他"为核心的企业文化，用人制度改革让奋斗者脱颖而出，分配制度改革让奋斗者劳有所得。如此一来，明泉上下齐心，奋力开展数字化改革，许多矛盾问题迎刃而解。此外，在数字化转型过程中，明泉也推出了信息化平台，将员工培训管理进一步规范化、流程化，在提高管理标准和工作效率的同时，将公司战略、新型工具全面普

及，以至上下凝心聚力，更快更好推进了智改数转。

| 专家洞察 |

明泉的价值共生与韧性成长

价值共生

为合作共赢，明泉在数字化转型过程中积极寻求与产业伙伴、员工的价值共生，依托自身数字化转型构建的智能工厂和数字化生态则是明泉对价值共生的充分践行与诠释。

首先，在 MTA 项目建设过程中，明泉就提出了"搭建平台、整合资源、科学发展、诚信共赢"的合作发展理念。以 MTA 项目为平台，明泉在融资模式、项目管理、技术工艺上均取得创新，并且和多家大型企业达成合作，充分整合利用资源，攻克智能自动化控制难题，确保了项目的顺利实施。

其次，在采销交易环节上，明泉通过数字化实现了从以产品为中心到以客户为中心的转变，连接全球客户、供应商，帮助企业实现采销最佳决策和高效协同。

最后，明泉持续推进智能化工厂建设，以生产和管理为两大主线，构建数字化交付平台、智慧管理平台和工业互联网平台三大平台，实现员工、客户、供应商、社会的价值共创、价值共享与价值提升。

韧性成长

着眼未来，在数字化转型过程中坚持走"绿色、高效、可持续"这一发展道路，是明泉对韧性成长的充分践行与诠释。

2013 年搬迁之初，资源匮乏，但明泉逆流而上，先后启动并顺利开车 MTA 项目、明升达退城进园项目和明化技改项目，全面完成了基础产业的新旧动能转换。这是明泉的"绿色"。

2016 年，明泉确立"新三高"发展战略，并在芯片封装的关键材料 PSPI 和八大宇航材料之一的 PPS 的研发和产业化方面取得重要突破，向"基础产业牢固、高新技术突出"的高科技企业又迈进了一步。这是明泉的"可持续"。

2018～2022 年，明泉先后推出安全管理提升项目、双重预防体系、安全标准化项目和安全信息化平台，切实提高了生产系统的本质安全管理水平。这是明泉的"高效"。

破釜沉舟、改弦更张是困于绝境中的明泉觅得生机的必由之路。如今，明泉注重发展的质量，不再简单追求速度快，而是更多着眼于可持续发展，打造更加灵活的发展模式，迎难而上，韧性成长。

作者简介 ————————————

吴晓松

北京师范大学湾区国际商学院特聘副研究员

郭巧真

南方科技大学深圳国家应用数学中心研究助理教授

第九章

邦德激光
激光行业数字化转型成功实践的一张鲜明"名片"

| 企业速写 |

济南邦德激光股份有限公司(以下简称"邦德激光")成立于2008年。作为一家研发、生产、销售、服务四位一体的全球激光智能解决方案提供商,邦德激光致力于打造民族品牌。企业依靠自主创新推动企业发展,在激光应用设备、光学仪器、激光器上做到了世界领先,产品已远销全球一百多个国家。

邦德激光聚焦于核心技术的研发与创新,追求智能化、数字化激光切割技术的发展和应用,以技术创新打造全产业链的核心优势。成立之初,邦德激光就分别在中国和瑞士设立邦德激光研发中心,每年投入高达全年营收8%的经费用于核心技术研发。如今,研发中心、创新产品中心、激光应用研究院,在圈内被称为"一院两中心",80余人的核心研发团队成为公司技术驱动的强大动力源,200余人的研发团队为邦德激光的技术革新提供不竭的动力。

邦德激光奉行聚焦战略，深耕激光切割应用，在万瓦激光上不断挑战自我，推陈出新。2017年，邦德激光在中国制造2025战略背景下，加快创新步伐，提质增效，攻克核心技术；2019年，邦德激光完成25 000W、30 000W激光设备的全球首发，成为激光行业内超高功率激光应用的带头企业。与此同时，面对疫情带来的经济压力，销售额逆势增长50%，实现营收12.19亿元，产销量位居全球第一；㊀2020年，邦德激光在全球首发40 000W光纤激光切割机。2019～2021年，邦德激光三年蝉联激光切割机产销量全球第一。邦德激光的"身影"随处可见，2021年东京奥运会颁奖台上的五环标志、北京天安门广场百年建党观景台金刚骨架、冬奥会场馆内消毒机器人……这些都是由邦德激光设备切割而成的㊁。

卓越的科研技术，是邦德激光屹立于激光行业前沿的核心，也为邦德激光在全球范围的市场开拓提供了坚实的保障。近年来，邦德不断推进海外市场的发展，持续加快国际化步伐，已成为激光行业的全球领跑者。目前，邦德激光已建立完整的全球销售与服务网络。邦德激光聚焦于激光切割单品类研发，深入洞察全球市场需求，为全球客户提供更好的产品和服务，打造极致的激光切割体验，致力于让更多的邦德激光切割设备在全球基础设施建设中做出卓越贡献。

以"Dare to dream"（勇于梦想）为口号，邦德激光在数字化时代浪潮中勇于前行。"不谋全局者不足谋一域，不谋万世者不足谋一时"，面对疫情带来的挑战，邦德激光抓住了数字化转型带来机遇，实现了自身的突破，在疫情中乘风破浪，韧性成长。邦德激光在生产制造过程中将数字化战略稳步推进，实现了信息化、数字化与智能化，变"制造"为"智造"；在业务流程管理上先后与SAP、AWS PaaS等知名软件厂商合作，实现了组织管理层面的智能化与业务流程决策的智慧化。一贯执行聚焦策略的邦德激光，没有局限于生

㊀ 数据来源：案例企业提供。
㊁ 资料来源：案例企业提供。

产制造、业务流程、组织管理层面的智能化，而是积极探寻以数据驱动的智慧决策的无限可能。2022年邦德激光搭建全球CRM系统和营销数字化平台，建立客户洞察，挖掘客户数据，优化与客户的交互方式，提升客户体验，提供更高价值的服务，传递企业匠心与责任。

激光制造是传统工业向智能制造升级过程中的重要环节，激光制造企业的数字化、智能化转型更是重中之重。济南邦德激光股份有限公司作为激光制造产业发展过程中激流勇进的代表企业之一，不仅在激光的核心技术研发及市场应用方面获得了佳绩，还在数字化转型上取得了显著成效，成为中国激光制造行业数字化转型成功实践的一张名片。

| 企业案例 |

管理数智化与决策数字化

邦德激光的CIO韩镇泽指出："数字化意味着企业管理需要自我变革才能迎接更高的挑战，主要体现在使用关键使能技术提升效率的数字革命与以智能化提高决策科学性和精准化的数字生态构建上。"邦德激光的数字化转型主要围绕着管理数智化与决策数字化逐步展开。

管理数智化：提升工作效率的工具革命

激光制造企业的管理数智化主要体现在生产运营管理数智化与业务流程管理数智化上。在整体管理数智化架构上邦德激光遵循长期主义，首先从顶层设计上构建了企业数智化转型整体架构，包括智能制造转型的顶层设计和数智化系统架构设计。其次，在生产管理数智化上，邦德激光积极推动数智化制造的建设与开发，将"制造"变为"智造"，逐步实现了生产数据自动化传输与生产流程数智化把控。与此同时，邦德激光积极引入与自主开发制造运营管理系统，最终实现了产线自动化，提升了企业的设备生产效率。

韩镇泽指出："IT 的价值定位需要从当前的'应用型'提升为'合作伙伴型'以及'推动型'。"这一数智化转型方向引领邦德激光不仅实现了生产制造领域的生产管理数智化，还深度推进并实现了业务管理数智化。邦德激光先后与 SAP、AWS PaaS 合作，促进企业业务流程标准化，实现了业务流程的数智化管理，大幅提升了企业业务流程上的工作效率。

决策数字化：提升决策效率和准确性的科学革命

大数据时代，数据的价值体现在以数据驱动的智慧决策上。深度利用车间制造、业务流程、服务反馈产生的海量数据，切实把握决策数字化，是邦德激光深度推进数字化转型战略的又一鲜明侧写。

在实现了管理数智化后，决策数字化助力了激光设备生产线的不断优化。邦德激光基于生产反馈数据，依托大数据分析技术，不断优化自动产线，实现智慧制造的高效运行，最终落地自动化设备与产线，提升了生产过程中设备自动优化的效率。

此外，邦德激光通过智能运营决策系统保障智慧制造的安全、可靠运行。营运系统的智能决策主要体现在邦德激光的智能决策产销协同系统上，系统面向设备、生产、运营以及产业链，不断采集周期性数据，打造产销良性循环，以数字化手段避免制造企业极易出现的产能问题，用生产与市场数据提升决策准确性。

邦德激光的数字化转型是纵深的，决策数字化还体现在管理层决策思维的转变与对客户价值的精准把握上。所有的数字化转型都始于企业高层管理团队的意识和承认变革的需求，韩镇泽这样说道："以前信息化只是企业管理提效的工具之一，是对人财物等环节进行的粗放型管控。现在随着整体大环境不断演变，数字化运营理念已逐渐深入到企业高层管理理念中了。未来企业管理需要依赖数据价值，数字化应用在企业管理决策中发挥着越来越大的价值。"邦德激光的管理层将数字化转型视为长期战略，重视数据驱动下的智慧决策，持续赋能企业数字化转型的深度推进。2022 年，客户至上的邦德激光基于客户数据对客户价值进行挖掘，实现了智慧营销决策。邦德激光搭建全球 CRM 系统和营销数字化平台，加强客户洞察，细分客户区间，挖掘客户价值，基于客户信息打造更加贴近市场的产品，提供贴心的客户服务。

生产制造、组织管理、企业决策的成功转型

智能生产：生产制造的数字化转型实践

邦德激光向"智造"蜕变的数字化实践体现在生产管理与生产决策的全过程。邦德激光通过搭建 IOT 数字工业互联网平台在生产管理上做到了数智化、精细化，生产的数字化保障了邦德激光设备的卓越品质。邦德激光通过数字化手段解决了激光制造过程中整个生产流程的管理问题，将物料、设备、人员、生产过程等要素结合起来，推进了生产过程管理的数智化。在生产数据传输上，邦德激光的生产数据实现了 100% 自动化传输，生产工序 100% 的数字化调配，设备装配的模块化程度达到了 80%；在生产流程监测上，邦德激光通过生产运营系统监测保证了设备的卓越品质。邦德激光以微米级检测精度，对每一款万瓦级激光设备的质量关键点使用数字化系统进行全流程检测，以确保每一台设备的品质。此外，邦德云可视化激光切割设备的生产流程，充分提高了生产稳定性，为生产的整体流程提供了优化支持，发挥了设备的强劲性能。

生产的数智化管理是实现智能制造的基础，邦德激光依托数字化系统，基于大数据分析技术，实现了生产线与运营管理系统的智能决策优化，落地"中国智造"。生产流程的不断优化与完善是激光切割制造企业发展的必经之路，邦德激光在推进生产过程数智化管理的过程中，基于生产过程中产生的数据进行决策，提高了生产与运营决策的精准性，用数字化手段实现了产品从生产到投入的全流程如一"品质"。在生产优化的精准决策上，邦德激光制定长远产品质量规划，为保障产品质量不断优化产线，同时注重采集产品周期性运行数据，基于大数据分析技术不断优化产线与运营管理，打造投产良性循环。此外，邦德激光在设备开发与生产上精准定位客户需求，基于客户所处行业、生产规模以及产品生产周期等最准确的产品开发数据，深耕万瓦激光切割产品。

在生产运营管理上的效率提高与精准决策让邦德激光在激光切割设备上不断推陈出新，为邦德激光的核心技术攻坚保驾护航。

智能管理：组织管理的数字化转型实践

数字化业务流程建设已经成为后疫情时代发展的新引擎，作为以数控科技为核心技术的智能公司，邦德激光公司的数字化转型并不单纯指使用前沿科技打造更高端的精密仪器，也不仅是将数字化停留在生产制造方面的生产智能化，而是真正地以数字科技为支撑，实现业务流程数智化管理。

激光制造业相较于其他行业生产工艺复杂，涉及原料、人员、设备、生产线等众多复杂因素，想要实现数字化管理技术与激光制造融合发展，真正推动企业业务管理数智化，绝非易事。邦德激光在推进企业数字化转型规划落地的过程中，先后与SAP、AWS PaaS合作，实现了业务流程的数智化管理，成为激光行业数字化应用的典范。

1. 邦德激光 + SAP

2020年，邦德激光携手SAP共创"数智化"运营平台，聚焦大数据、云计算、物联网技术，在业务流程与财务分析的一体化上，以数字仓库为基础，实现了供产销协同运作和生产运营的全球微生态。SAP以成熟的技术和灵活的特性为邦德激光的经营管理活动提供实时的信息支持，通过信息系统强化和贯彻管理优化的思想和成果，促进内部业务和信息标准化。其中，信息交互平台能够实现跨板块、跨部门业务信息流的充分共享，通过对产业价值链的各环节进行全面的业务数据提炼和分析，提高产业价值链各个环节的业务协同能力。SAP提供的信息系统与信息交互平台以其数字化的业务管理控制功能，促进了邦德激光业务管理流程中的产出信息的标准化，助力了邦德激光业务流程管理能力的提升，并通过业务流程和信息电子化，来提高工作效率与准确性，增强了邦德激光整体市场竞争力。

2. 邦德激光 + AWS PaaS

2019年，基于AWS PaaS的BPM平台（业务流程管理系统），邦德激光构建了企业业务中台，通过自主开发CRM、HR、费控、订单管控等业务模块支撑企业运营管理。在实现供应链、财经、研发等各项业务自动化的过程中，通过部署流程机器人，实现追踪性能等功能，确保了管理体系 CR 质量。同时通过 BI 智能数据系统应用，实现了从风险评估到合规数据的分析智能化，让邦德激光的管理决策更加精准高效。

智慧决策：企业决策的数字化转型实践

在邦德激光，数字化转型不仅是用前沿科技打造数字化智能设备，更涉及以科技为支撑的智能营销决策和智能业务决策建设。

为了深度推进企业智慧决策的数字化转型，一向以服务客户为企业使命的邦德激光进行了对营销决策的革新。激光设备客户价值的实现要求邦德激光超越自身业务部门与功能部门的局限，积极构建客户洞察的顶层设计和切实可行的方案。作为一家老牌激光企业，邦德激光激活客户数据、细分客户类别、精准识别潜在客户，对客户数据以数字化手段挖掘出一般规律并加以应用，真正实现数据驱动的数字化营销需求十分迫切，而让数据服务于企业的智慧营销决策是将邦德激光数字化转型推向又一高度的新举措。2022 年，邦德激光与国际知名软件厂商达成战略合作，以新视野、新应用、新模式促进邦德激光数字化转型升级。作为激光设备的领跑者，邦德激光在积极布局一体化、差异化的智能产业全链条体系的同时，借助全球 CRM 系统和营销数字化平台，打造以客户为中心的业务发展战略，以及时准确地获得消费者需求和趋势，为企业经营战略决策提供富有价值的分析结果与辅助支持。此外，邦德激光将销售、市场营销和服务售后支持等多个业务流程的决策进行基于业务数据的自动化处理，通过消除分配任务上的重复性手动工作来提升企业决策效率，节省营运成本，推动自身的业绩增长，实现了业务管理上的智慧决策。

转危为机逆流发展

化"挑战"为"机遇"，数字化转型中的韧性成长

韧性成长是指企业更加注重发展的质量而不是简单追求速度快，企业更加着眼于可持续性发展，打造更加灵活的发展模式。面对疫情，邦德激光坚持数字化转型，韧性成长，逆流而上。

1. 疫情下灵活的数字化营销战略

邦德激光执行总经理王鲁指出："探索数字化、智能化营销是未来的趋势。"邦德激光在疫情中逆流发展，离不开数字化内容营销。2020年，疫情给实体经济特别是制造业带来了巨大冲击，而对于邦德激光来说，疫情带来的最大困难来自企业产品的营销方面。激光设备价值不菲，突如其来的疫情让客户无法到企业对设备进行考察，同时各地的地推与展会无法进行，让邦德激光失去了很多与客户面对面沟通、展示实力的机会。然而，邦德激光并没有为疫情所困，反而抓住数字化转型的机遇，从多方面开展数字化内容营销，深度推进企业数字化转型进程，第一时间将营销模式转换为与客户线上沟通，使用直播的方式向客户展示设备。邦德激光的执行总经理王鲁说道："整个疫情期间我们公司销售的主战场从线下转移到了线上。"而在后疫情时代，市场环境急剧变化，线上线下消费触点紧密结合，为了让客户可以直观地体验到清晰准确的产品展示和介绍信息，邦德激光在官网的产品介绍上进一步丰富了内容

展示模块，生动精确地展示了企业万瓦激光切割设备的产品画像。

2. 疫情下全球化战略的持续推进

突如其来的疫情并没有阻挡邦德激光推进全球化战略的脚步，邦德激光以其优异的数字方案为全球客户保驾护航。面对数字壁垒，邦德激光与 SAP 合作，建立数字智能化运营平台，全方位提升自身的精益管理能力和运营能力，突破数字应用的壁垒，全面实现企业数字化升级，为企业持续推进全球化战略保驾护航。

为保障全球客户的售后服务，邦德激光在稳步发展核心技术业务的基础上，建立了覆盖全球的 180 多个服务网络以及五大服务体系，让全球客户能够享受全天 24 小时的服务保障。每位客服人员都经过专业培训且通过严格考核，收到客户故障反馈之后，半小时内启动响应机制，为全球用户提供无忧、专业、及时、持续的服务保障。此外，大数据智能云平台还会对已售设备的运行状态进行实时监控，为全球客户的稳定切割提供坚实后盾。基于大数据云平台的监控技术与全方位的远程服务保障，疫情中的邦德激光砥砺前行，在全球客户口中赢得了"好口碑"。

化"竞争"为"合作"，数字化转型中的价值共生

独木难支，邦德激光的数字化转型以价值共生为导向，勇于肩负起社会责任，与社会、客户、产业、员工共生，传递企业温度。

1. 与社会共生，肩负社会责任

在以傲人产品征服全球客户的同时，邦德激光牢记企业使命，打造民族品牌。疫情发生后，邦德激光奉行"用爱传递爱，用生命影响生命"的公益精神，继向湖北省红十字会捐助 120 万元现金

后，全球 2021 名邦德人自发组织"爱心 100，人人帮"公益活动，邦德激光先后向湖北疫区捐款共 140.21 万元。在数字化转型过程中，邦德激光倡导绿色智慧物联，引领环保创新发展，将环保融入产品数字化研发与生产制造方案中，同时依托数字化生产管理，大幅提高了自身的生产效率与智能制造水平，在生产制造过程中的资源利用效率得到提升，污染物排放量下降，邦德激光在打造绿色企业的同时也在承担社会责任。

2. 与客户共生，打造如一品质

邦德激光一直秉持"让激光科技改变人类生活"的伟大使命，构建与客户"共赢、共享、共生"的健康生态，与客户共生，在产品品质与产品服务方面精益求精。作为激光制造设备提供方，邦德激光的数字化转型肩负着企业自身的智能化战略落地以及将智能产品与解决方案赋能客户的双重使命。而邦德激光的数字化转型则更加坚定了邦德激光与客户价值共生的步伐，邦德激光适应时代发展新需求，构建了集研发、设计、制造、销售、服务的一体化智能数字管理平台，实现了产品全生命周期的质量管控，为客户生产全面保驾护航，也为邦德激光高效地服务客户，为客户提供更多的价值和更好的体验提供了坚实保障。

3. 与产业共生，引领行业发展

邦德激光在数字化转型中探索与产业伙伴的价值共生，变"竞争"为"合作"，在激光产业中寻求可持续的共生发展。邦德激光作为激光制造行业的领头企业，从研发、产品、服务方面全方位助推制造业产业升级。在济南市启航的邦德激光，积极响应城市战略布局，为区域的长远发展发挥自身力量。2022 年 6 月，世界激光产业大会在泉城济南顺利召开，作为本土激光产业发展的主力军，邦德激光已然成为一张闪耀的城市名片，驱动激光产业群蓬勃崛起，用"激光"照亮制造业的前路，以蝶变之姿擎启未来。

4. 与员工共生，激发企业活力

邦德激光在数字化转型的过程中深刻认识到，"管理的核心价值是激活人的内在价值"。邦德激光的数字化战略同样着眼于提升一线员工的工作效率，让员工实现自我价值，避免重复性劳动。邦德激光搭建全球 CRM 系统和营销数字化平台，将销售环节与市场营销环节等业务流程进行自动化处理，在节省自身营运成本的同时，促使员工工作效率得到提升，激发了员工活力。此外，邦德激光的 2025 企业战略中，有关团队提升方面的员工激励计划赫然在列。邦德激光积极学习海内外优秀企业，努力追赶特斯拉等硅谷企业，向阿里巴巴、华为等知名民族企业看齐，着眼于激发员工创造力，在企业内部推进"员工持股计划"，争取在 2025 年让员工持股率达到 20%。

变"应用"为"内生"，数字化转型中的长期主义

邦德激光的数字化转型是更为纵深的，在与各平台合作应用数字化技术和解决方案的同时，更注重培养企业内部的数字化新生力量，以更好地胜任转型中的各项挑战。

传统制造业数字化转型的难题在于企业高层观念转变困难、企业高层没有意识到数字化转型的必要性、紧迫性和复杂性，观念仍停留在信息系统的部署，而数字化转型远不是仅依靠 IT 部门就能够实现的，必须由企业的决策层引领并自上而下推进。

管理层将数字化转型视为长期战略，赋能企业数字化转型的深度推进。邦德激光的数字化战略从未将数字化转型视为简单地引入智能生产系统、借助智能管理系统，管理层十分重视企业整体的数字化转型为邦德激光带来的未来。从实施战略之初，邦德激光就构建了数字化转型策略的顶层设计，并根据激光制造企业自身的特性，从提升效率的工具革命与提升精准性的决策革命两个方面，提出了智能制造的生产管理数智化与决策数字化。一步一个脚印，以坚定的步伐逐步实现了生产制造和运营管理系统的建设和开发、自动产线的建设与基于大数据智能决策的系统优化，最终落地了智能制造和智能运营系统。

与此同时，作为制造企业的邦德激光把数字化转型战略推向企业内部业务管理，与 SAP、AWS PaaS 等软件平台合作，提升企业内部的管理效率，释放员工活力。智能决策也不仅仅体现在制造与投产上，在数字化战略深度推进过程中，邦德激光不断发现数据赋予制造企业的更多可能，开发基于客户数据的智能营销决策系统，深度挖掘客户价值，建立客户洞察，提供个性化的客户服务体验，让以客户为中心的邦德激光走得更稳、更远。

邦德激光将数字化战略以信息化、数字化与智能化建设三个阶段逐步实施，并最终实现企业生产制造上的数字自动化传输、生产流程管理数智化与决策数字化，落地了智慧制造。与此同时，还实现了企业自身管理上的业务流程数字化和运营管理、营销决策智能化，将企业的智慧发展与数字化转型精密结合，将企业的数字化转型推向了新的高度。

邦德激光一直将打造民族企业、为客户提供最优的服务作为企业自身的经营价值理念，为客户创造价值横贯企业数字化转型始终,拒绝任何投机行为的邦德激光将长期主义融入企业的信息化、数字化与智能化发展的每一阶段,扎实的数字化转型步伐昭示着企业转型的成功实践。

智能制造,万瓦先行:数字化转型的三大亮点

在宏观工业环境转型、"中国智造2025"、终端产品创新周期等多因素叠加下,作为智能制造的重要组成部分,激光产业顺周期逻辑已然形成,作为激光技术应用的代表,邦德激光在激光企业的数字化转型方案上给出了鲜明又亮眼的答卷。

1. 万瓦科技,智慧为基

随着信息行业的发展和跨领域应用的逐渐增加,制造业不断向智能化发展。相比简单的生产数据上云,灵活生产的刚性需求决定了邦德激光对于真正落地智慧制造的重视,而智慧制造的成功打造也为邦德激光万瓦之路的前行提供了充足的动力,是邦德激光的数字化转型的亮点之一。

在智慧生产上,邦德激光实现了生产过程数据的100%自动化传输,生产工序100%数字化调配,成熟的流水线装配与先进的设计水平进一步助力邦德激光在万瓦设备上推陈出新,领先的"万瓦智造"确保了邦德激光切割产品0缺陷。

在以智能工具提升工作效率的工具革命的数字化转型信念引领下,邦德激光通过激光技术与数控技术的融合,使得激光加工设备真正具备了对加工流程的智慧判断、分析与自动优化。邦德激光耗资逾1000万元引入SAP系统,并自行开发了适合激光切割机流水线生产的制造执行系统MES,生产智能化程度不断提高,加之标准化设计、模块化装配,保证了每台设备的品质如一。

2. 客户至上,立足实际

我国激光制造业处于转型升级的关键时期,激光加工以其高精度、高柔性、高适应性的优势被应用于航空航天、船舶制造、电子制造等众多领域。

作为激光制造设备提供方,邦德激光的数字化转型肩负着自身企业的智能化战略落地以及将智能产品与解决方案赋能客户的双重使命。邦德激光在贴近客户、打造如一品质的同时,依托海量客户数据信息与大数据分析技术洞察客户需求,加强客户服务,这是邦德激光在数字化转型方案上的亮点之二。

随着我国制造行业的不断发展,装备制造业下游客户的应用场景和个性化加工需求日益增多,相比于仅依赖数字化转型精进产品工艺,提升自身科技实力,邦德激光做到了以客户为出发点,在数字化转型方案中纳入"用户至上"的服务理念,注重个性化生产。邦德激光在提供万瓦设备的同时,致力于挖掘更广阔的适用领域和研发具备更完善的协同加工能力的顶级切割设备,以满足客户的多元化需求,其客户分析与需求设计系统助力了激光切割设备的模块化与柔性生产。

在辅助客户制造方面,邦德激光还提供了全新的自动化料库,作为实现物料流自动化的关键模块,以助力客户提升制造效率。此外,邦德激光还在数字化转型中建立了完善的运维服务体系,拥有覆盖全球的服务网络,线上智能云中心还实现了对设备运行的实时监控,同时线下定期开展服务万里行活动,邦德激光的数字化转型以客户为中心,全力为客户生产提供最大化的服务保障。

3. 智能决策，"一镜到底"

邦德激光的数字化转型不是简单的制造系统数字化上云抑或单纯的对业务流程的数字化管控，而是实事求是，扎根自身，从公司全球化战略出发，为更加贴近客户而制定的总体转型策略。"一镜到底"式数字化转型是邦德激光的数字化转型在行业的数字化转型方案中脱颖而出的关键。

邦德激光的数字化转型不是被动的，而是完全服务于战略的推进，给出了激光制造行业独有的数字化解决方案，从研发到生产、从物流到生产、从生产到营销、从营销到售后的端到端业务流程环节打通的"一镜到底"，让邦德激光的数字化之路格外畅通。邦德激光的数字化转型从管理数智化和决策数字化两大方向出发，逐步实现了提升工作效率的工具革命与提升决策效率及准确性的科学革命。

在智能生产与智能管理的工具革命上，早在企业数字化转型战略实施之初，邦德激光就制定了整体的顶层规划和设计，并在后续生产管理、营运管理、业务改造上完成了业务流程的适配。数据是数字化转型的基础，邦德激光引入数据中台，实现数据集成，高效赋能业务财务数据，打通销售、生产、采购等各部门的数据，实现了高效的数据采集与内外部数据的一体化；在智能决策的科学革命上，邦德激光的数字化转型特色在于其不断以全局优化为目标，实现了管理层决策智能化与企业综合收益的最大化。邦德激光通过对海量生产数据和客户数据进行挖掘，对柔性生产安排与用户需求进行全面感知，实现了核心环节智能优化与决策，从而辅助管理层进行决策，提升了企业管理层决策准确性。

邦德激光的数字化转型策略的鲜明亮点在于其真正落地了智慧

制造，保障产品如一品质；从客户角度出发，打造以用户为中心的万瓦科技；从企业战略出发，结合业务流程，以提升工作效率的工作革命和提升决策准确性的科学革命为抓手，实现了"一镜到底"式数字化转型。

| 专家洞察 |

邦德激光的价值共生与韧性成长

独木难支，邦德激光在数字化时代中积极寻求与产业伙伴、员工的价值共生。一方面，邦德激光在产业集群的作用下引领激光产业发展，将"竞争"化为"合作"，积极参与济南激光产业与山东省激光装备创新创业共同体，发挥地区产业集聚效应。数字化时代，邦德激光与众多优秀的民族激光企业一起，带动我国激光产业稳健发展，与冶金行业、船舶制造、航天航空等制造产业共创良好的可持续发展生态，助力制造变"智造"，助力产业升级。另一方面，邦德激光改变用人理念，革新组织管理方法，寻求组织与个人价值的共生。在数字化时代，人才是企业创新的关键因素，邦德激光充分发挥员工个体价值，激活个体创造力，在人才培养与激励方面，向海内外优秀企业看齐，在企业团队管理的2025战略规划上，争取让员工持股比例达到20%。

韧性成长是指企业需要更加注重发展的质量，不应简单追求速度快，而是着眼于可持续性发展，打造更加灵活的发展模式。疫情下，邦德激光把握时代浪潮，化"挑战"为"机遇"，将数字化作为韧性成长的重要工具和战略方向。

邦德激光的管理者面对数字化时代浪潮下的不确定性，推动创业创新精神和不确定性共融，不断超越自身。在疫情期间，不局限于客户实地考察、地推、展会等线下营销方式，果断选择通过直播进行数字化营销，创新线上地推方式，采用更加灵活的数字化内容营销。

邦德激光的韧性成长还体现在对全球化战略的持续推进上。邦德激光利用大数据云平台与全球客户积极沟通，保障售后服务。基于完善的AI智能云服务平台，邦德激光对已售设备的运行状态进行实时监控，一旦出现故障预警，就根据问题类别智能派单，其覆盖全球的服务团队和完善的海外网络体系能及时解决客户问题。在疫情中，邦德激光借数字化转型助力智能营销，持续推进全球化战略，逆流而上，韧性成长。

作为十几年聚焦激光切割领域的激光设备企业，邦德激光坚持长期主义，争做世界领先的民族企业，坚持核心技术创新。邦德激光董事长孔杰指出："邦德激光的所有规划都坚持长期主义"。在数字化转型上，邦德激光不仅着眼于管理信息系统的应用，还从管理层上将数字化转型作为顶层战略，并将数字化转型分为信息化、数字化、智能化三个阶段，先后实现了"数据自动化传输、流程数字化把控、决策智能化提升"。

邦德激光的数字化转型战略稳扎稳打，从顶层设计上的数字化转型规划，到生产制造运营管理系统的建设开发逐步实现了生产管理数智化，再到基于大数据分析实现自动化生产线与生产运营系统的优化，实现制造与投产的精准智能决策，最终实现了智能制造、智能生产营运系统的安全运行。长期主义贯穿着这一激光制造企业数字化转型的始终。

我国制造业发展的数字化转型任重道远，邦德激光作为激光行业的领军企业,不断顺应时代发展需求,推动自身从"制造"向"智造"转变,从研发、制造、销售、服务、组织管理上实现了企业全方位数字化转型,成为激光行业数字化转型成功实践的一张鲜明的"名片"。

作者简介 ——————————

吴晓松

北京师范大学湾区国际商学院特聘副研究员

唐鑫

南方科技大学深圳国家应用数学中心博士后

第十章

金陵饭店集团
完成数字化转型，打造酒店空间经营新商业模式[一]

| 企业速写 |

　　1978年，新加坡华商陶欣伯回自己的家乡南京投资，他联系了国家旅游局，想在南京建造一家涉外的旅游饭店。在他的全力推动下，1979年，金陵饭店成为经国务院批准建设的全国首批6家大型旅游涉外饭店之一。1980年3月，金陵饭店破土动工，坚持高标准，力求与国际接轨。1983年，金陵饭店终于建成开业，以37层的高度问鼎"神州第一高楼"，还实现了多项"全国第一"：第一家由中国人自己经营管理的大型国际酒店、中国第一个高层旋转餐厅、中国第一个高楼直升机停机坪、中国第一座大型室内停车库、中国第一部高速电梯。国际媒体称之为"中国改革开放的窗口"。

　　1985年，港宁包机开通，金陵饭店的客源大幅增加。1988年，

[一] 本章内容所涉资料引用均已获案例企业及索引资料原作者授权。

金陵饭店陆续开设了购物中心、连锁快餐、旅行社、出租汽车、通讯、广告、建筑装饰等多种经营企业。1997年，引领南京商务国际化的金陵饭店世界贸易中心建成启用，金陵饭店成为国家旅游局在国内唯一的青年干部实习基地，先后接受国家旅游局机关近百名青年干部在店实习锻炼。2002年10月，金陵饭店成功改建为南京金陵饭店集团有限公司（以下简称"金陵饭店集团"）。同年12月，金陵饭店集团控股设立了金陵饭店股份有限公司。2004年6月，南京金陵酒店管理有限公司⊖成立，至此，金陵饭店集团由"单一输出管理"跃升到"品牌连锁经营"，开始了品牌扩张之路。

2007年4月，金陵饭店集团控股的金陵饭店股份有限公司在上海证券交易所成功上市，成为江苏省首家上市旅游企业。上市后的金陵饭店股份有限公司构建了以五星级金陵饭店为主体，以酒店连锁经营为核心的涵盖酒店投资管理、旅游资源开发、酒店物资贸易三大业务板块的发展格局，下辖4家分公司、20多家控股子公司，旗下酒店突破128家，管理规模位居"全球酒店集团50强"。

规模越大，管理越难，规模扩张对集团总部的管控能力、供给能力、服务能力提出了更高的要求。所以，金陵饭店集团开始寻求变革，明确集团必须要进行一场大规模的数字化变革，以开放的胸襟，拥抱数字化新时代。2015年，金陵饭店集团启动了"数字化变革"项目，主要内容包括集团管控模式、组织和人才发展以及信息化建设的总体规划，进而全面推进集团的转型与发展。2021年7月19日，上市14年一直保持股本3亿的小盘股金陵饭店，第一次启动"10送3"，每股转增0.3股总股本变成了3.9亿股。

经过将近40年的默默耕耘，截至2022年，南京金陵饭店集团有限公司旗下已拥有6个品牌，230多家酒店，遍布全国19个省、94个市，金陵饭店集团贵宾会员已接近2 000万人，自有平台累计会员12.8万人，2022年自有平台的成交额已经突破1亿元，其"细

⊖ 南京金陵酒店管理有限公司系金陵饭店股份有限公司控股子公司。

意浓情"的服务和管理模式已成为中国酒店业的一面旗帜。金陵饭店集团连续多年排名全球酒店集团前 50 强，中国高端酒店管理集团前 5 强。在金陵饭店集团取得如此耀眼的成绩背后，数字化战略转型功不可没。与此同时，价值共生与韧性成长两大维度也共同贯穿其整个转型与发展过程，成就了今日的金陵饭店集团。

| 企业案例 |

多个行业第一，勇于吃螃蟹

金陵饭店集团数字化转型坚持韧性成长

金陵饭店集团的数字化转型分为三个阶段。[一]

第一个阶段是 2003～2010 年，金陵饭店集团成立信息化变革小组，基于第三方专业机构为企业量身定制的信息化规划落实推进，创造了国内第一套拥有自主知识产权的中央实时预订系统、第一个中央集采系统等多项行业第一。这一阶段打造的信息化体系，为集团连锁化发展的快速扩张提供了有效支撑。

第二个阶段是 2015～2019 年，金陵饭店集团正式启动数字化变革战略，对酒店板块的前台、后台以及技术架构进行了升级，中央预订系统（CRS）、会员忠诚度管理系统（LPS）、酒店管理系统（PMS）、中央结算平台、ERP 管理系统以及酒店板块经营分析 app 应用系统先后上线。在此期间，集团梳理了 2 亿多条的客户数据，实现了数据标准化，并以数据为基础描绘精准的用户画像，提升了营销效率，使得自主会员的入住率不断提升。

[一] 资料来源：搜狐网，《金陵饭店：数智赋能守正创新，传承"细意浓情"》，机器人的秘密探索。

第三个阶段为 2019 年至今，金陵饭店集团提出"登峰计划"，吹响了以数字化技术赋能业务的号角。2021 年上线"尊享金陵"会员系统。通过数字化能力的加持，金陵饭店集团正逐渐摆脱传统酒店对渠道分销的依赖，通过自有渠道的建设和推广找到新的增长引擎。

在这三个阶段中，金陵饭店集团一直坚持韧性成长，不断深化数字化与智能化，坚守以客户为导向，坚定直达用户的经营理念。

金陵饭店集团全价值链增值靠价值共生驱动

价值共生是指企业与利益相关者之间建立生态共栖、交互生长、互惠互利的关系。金陵饭店集团在不断壮大的同时也面临着诸多挑战，如集团化、多元化经营，集团管控风险大；信息系统分散、孤立，难以集成；员工数量和类别多，人员管理复杂，人才全面发展难度大；跨业态经营，集团经营和管理决策难度大。解决这些难题唯一的办法就是通过数字化赋能，搭建适应自身特色的集团管控模式，落实专业的管理体系，互联互通，打造统一的运营平台，与内部各部门、外部各企业、客户以及其他行业的企业进行价值共创、价值共享与价值提升，实现全价值链的互利增值。

金陵饭店集团的数字化战略演进

金陵饭店集团总经理、董事胡明表示："管理系统就像一棵树的根系，树的根系越庞大，上边的枝干才能长得越好。如果作为支撑体系的根系太小太弱的话，枝干在短时间里或许可以保持茂盛，然而一旦狂风暴雨到来，整棵树都可能会倒掉。"

"我们很早就意识到，数字本身就是一种资产，能够创造巨大的价值。我们作为酒店行业的从业者要学会应时而变，不断加强集团的数字化能力。"

胡明还表示，时代在变，企业的打法也要跟着变，必须从竞争的逻辑转向共生的逻辑。一方面要进行场景再造，衍生新的数字化业务和商业模式；另一方面要广泛引入生态合作伙伴，开展灵活的运营模式，通过生态合作伙伴获得更多的数据洞察和人才衔接，与社会各界共同营造开放共赢的酒店行业新生态。

在具体的执行中，金陵饭店集团的数字化战略演进分为以下三个阶段。

金陵饭店集团数字化 1.0（初创阶段）

金陵饭店集团是 2002 年成立的，在成立之初就决定走集团化、连锁化的道路。这个过程需要依靠科技，依靠信息化。2003 年金陵饭店集团邀请 IBM 公司做了第一轮信息技术战略规划（ITSP），邀请咨询公司进行 IT 规划，这些在国内酒店行业中是比较领先的举措。2004 年到 2008 年的数字化进程，按照 IBM 的规划推进，前台后台的建立经历了从 0 到 1 的过程，此阶段金陵饭店集团创造了多项行业第一，比如国内第一套拥有自主知识产权的中央实时预订系统、第一个中央集采系统等。当时，绝大多数酒店都是人工跑单或使用传真机半人工跑单，而金陵饭店集团率先实现了 PC 端直连，客户可以通过线上对接到酒店的前台预订 PMS 端直接下单，树立了行业内的创新标杆。这一阶段打造的信息化体系，为集团连锁化发展的快速扩张提供了有效支撑。

"金陵中央预订系统"分集团层面和单体层面两个部分，单体层面以金陵饭店为试点。饭店原来使用的前台系统来自某国际知名品牌,该系统已经运行10年左右,[○]软硬件都已相当陈旧,且供应商在国内的市场份额也日渐萎缩,日常维护、系统升级等相关服务很不到位。因此,在信息化战略实施过程中,金陵饭店集团首先从前台系统入手,将其更换为功能更强、管理理念更新的西软 X5 系统。系统切换工作于 2004 年 3 月初开始,于 4 月下旬实施完成。其后,金陵饭店集团和西软的联合项目小组对集团层面的工作流程和业务需求进行了无数次的讨论分析,最终确定了总体设计方案。

广域网设计方案由 IBM 技术专家组为金陵饭店集团量身定制,采用了思科的 GRE+IPSec 的 VPN 方案,集团中心与各成员酒店可根据各自带宽需求任意选用共享式或专享式宽带、专线、xDSL、ISDN 等多种网络连接方式。该方案对成员酒店的技术要求较低,接入成本较低,实施较快,维护较方便,有利于后期的系统推广。

数据存储方案采用了"集中分布式"的总体策略,集团设置中央数据库,主要存放会员资料、中央账务信息、集团协议客户信息等数据,各酒店设置本地数据库,存放包括会员和非会员在内的所有客人资料、本地账务信息以及本地协议客户资料等数据,中央和地方数据库按照设定的机制每日或实时进行部分数据同步。这样的方案既满足了业务需求和性能要求,还可以最大程度地避免广域网中断后对酒店经营的影响,同时也能为各酒店业主所接受,避免他们产生失去酒店电子数据资产控制权的疑虑。

在中央系统与成员酒店 PMS 链接方案设计上,金陵饭店集团

○ 资料来源:陆均良,杨铭魁著.《信息技术与饭店管理:以技术提升饭店的竞争力》第七章 以信息技术提升饭店经营管理能力的实例.旅游教育出版社,2007 年 7 月.

主推无缝双向链接方案,即中央和本地之间可以无缝交换数据,这种方式有别于携程的单向接口模式,消除了中间的人工环节,使得预订中心的效率大大提高;同时,考虑到金陵饭店集团尚有少数酒店还在运行老版本或者非西软的 PMS,因此设计了类似携程的单向接口方案,使得预订信息也能通过半自动化的方式流动到这些酒店。

系统研发工作于 2004 年 5 月开始,至 11 月基本结束,然后开始进行系统安装、调试和试用,最终于 2005 年 1 月 1 日与集团网站同步推出,形成 CRS、会员管理系统、集团网站三位一体、相辅相成的一个连锁核心销售平台,使集团的市场销售水平、对客服务水平、信息系统综合应用水平有了质的飞跃。

2008 年到 2015 年间,金陵饭店集团数字化进入了停滞期,依托于之前 IT 的投入,金陵饭店集团得以快速扩张,同时也逐渐走进了瓶颈:如何实现区域布局的突破,并在数量和质量之间保持平衡。2015 年之后,金陵饭店集团制定了走数字化变革的战略。

金陵饭店集团数字化 2.0(数字化变革)

本阶段,金陵饭店集团先后上线了 CRS、LPS、PMS、中央结算平台、ERP 以及酒店板块经营分析 app,并以数据为基础描绘精准的用户画像,提升了营销效率,使得会员的入住率不断提升。

2016 年金陵饭店集团请安永做了第二轮的业务战略规划,安永与集团各企业、各层级管理人员及员工直接对话,涉及战略重点、业务模式、市场定位、核心竞争力、业绩提升重点等方方面面,通过 104 场打破组织、打破层级的现状调研,找出了 320 个管理痛点,并以问题为导向,研究技术变化、消费行为、盈利

模式的趋势，规划了未来 5 年集团数字化变革应用架构蓝图（如图 10-1）。㊀

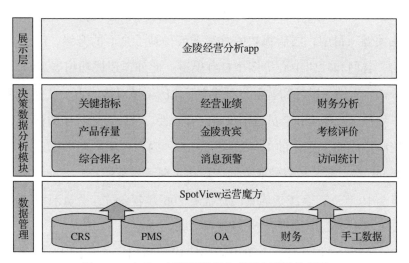

图 10-1　未来 5 年集团数字化变革应用架构蓝图

自 2016 年底起，集团开始着手从前台、后台和基础架构三个维度推进项目建设。首要任务是构建集团 ERP 系统的整体应用架构，涵盖财务、HR、OA 和供应链等多个模块，实现了集团内部人员、财务、物资及信息等业务的综合管控。此举不仅提升了信息共享和管理协同效率，还有效降低了管控风险。实际上，集团 ERP 系统的重构是对传统管理思想和理念的彻底颠覆与更新。在 ERP 系统构建的稳固基础之上，2018 年国信酒店集团全面并入，集团仅用时 1 个月便顺利完成了国信酒店集团涉及 6 类、共 68 个、贯穿 2、3 级企业的办公流程切换，并在短短 3 个月内完成了所有并入企业的财务核算、预算、固定资产和合并报表的切换工作。

㊀　资料来源：同花顺财经，《"蝶变"之路：金陵饭店集团数字化变革纪实》。

金陵饭店股份有限公司副总经理，也是数字化变革工作的负责人陈建勋，凭借其在 IBM、SAP 等全球顶级企业的技术背景，引领金陵饭店集团的项目团队迅速投入到了紧张而有序的系统建设中。在关键项目中，酒店板块的营销平台得到了全面的升级，涉及微信、官网和呼叫中心等多个自有渠道。此外，还成功拓展了 OTA 分销、直销、银行和航空公司等多元化的渠道对接能力，显著提升了用户交互体验和会员营销策略的有效性。金陵饭店集团的订房系统响应时间由原先的 10 秒缩短至 1.5 秒内，订单准确率更是提升至 99.7%，会员和直销业务的产量均实现了显著增长。据统计，截至 2019 年底，金陵饭店集团已拥有 206 万名会员，会员消费额达到 1.45 亿元，电商平台成交额更是高达 2.2 亿元。

在 2018 年 9 月，金陵饭店集团成功推出了 E-learning 学习平台。这个平台在短短一年内实现了从无到有、从可读到可视的飞跃。它将金陵饭店集团的 97 门课程，包括管理、服务、技术等内容，以示范视频的形式完整地呈现在了线上。通过这一平台，集团建立了一个全面覆盖各层级、各岗位的培训结构体系。当年，该平台就吸引了近万人次参与在线学习，为金陵饭店集团的培训和发展注入了新的活力。

2019 年，金陵饭店集团在数字化变革的道路上取得了显著成果。5 月份，集团酒店板块的经营分析 app 成功上线，通过集成 6 大模块和 100 多项关键经营指标，实现了对酒店关键指标、经营业绩、产品存量、异动监控以及指标排名的实时化和动态化展示。这一应用为高管人员提供了重要的决策支持。仅仅一个月后，6 月份，"先锋金陵"智慧党建 app 也顺利上线，其涵盖了主题教育、我的支部、支部动态、党员风采、党委管理、学习园地、他山之石和通知公告等八个功能模块,实现了支部建设的云端化和活动办理的网络化。7月份,集团的财务结算平台项目也正式投入运营,从前端的业务系统到结算平台,再到后端的财务系统,形成了一条完整的财务结算业务流程闭环。通过这一系统,各系统之间的业务数据能够实现自动关联和匹配,据测算,数据匹配率高于行业平均水平,人工工作量减少了20%,进一步提升了工作效率。

随着OA办公系统、ERP管理系统、CRS预订系统、LPS会员系统、E-learning在线培训以及酒店板块经营分析app等先进技术的运用,金陵饭店集团成功实现了数字化转型,显著提升了工作效率和经济效益,成为了行业内的佼佼者,为其他企业提供了宝贵的经验和借鉴。胡明强调,这场数字化建设是一场全面而深刻的变革,涉及技术、组织、战略、人员、投入产出、知识与能力、财务、企业文化等多个方面。金陵饭店集团通过前台、后台和基础架构的一系列创新,重点提升了管理效能并降低了管控风险。随着产业互联网、人工智能和5G时代的来临,可以利用物联网技术精准分析客户需求,实现精细化运营,为集团带来更广阔的发展空间,为宾客提供更有价值和更便捷的服务,从而提升客户满意度。回顾四年的数字化变革历程,集团更加清晰地认识到,在变革中坚守品牌、质量、标准的核心价值观至关重要。数字化变革不仅让酒店更加智能化,还赋予了酒店更多的人情味和市场竞争力。

金陵饭店集团数字化3.0

2019年,金陵饭店集团酒店板块经营分析app系统上线,实现了集团、品牌、区域和单店经营数据的实时化、移动化、动态化、图形化展示,并对关键指标进行了横向和纵向的对比。与此同时，PMS 核心业务系统的"云"化也是集团数字化变革的重要目标。2020 年，金陵饭店集团花费大量精力做连锁酒店代码标准的统一，云 PMS 系统上线后，围绕集团"One Jinling one PMS"的整体目标，开始对存量酒店和新增酒店的系统进行升级。

"两个系统的标准化将金陵酒店板块的发展方式从无序规模扩张转向提质增效阶段，运行模式从粗放管理转向精细化管理。"胡明认为，未来的经济是 API 经济，是重构价值不是重构系统，应该考虑未来的可能性，以系统平台化、云化的开放、链接和协同特性，打造产业的生态系统，创造长久价值。

同年，集团重新定义了方向，往经营端转，往营销端转，聚焦直销和会员。虽然金陵饭店集团的基础系统架构做得不错，但数字化重心从 To B 转向 To C，依然会面临诸多问题，比如会员体系的搭建等。所以，集团又提出了"登峰计划"，围绕销售端和采购端发力，在数据驱动下提升供应链管控水平，通过前端数字化营销重新发现客户价值。

2020 年金陵饭店集团正式启动了前端数字化营销项目，聚焦于会员，聚焦于营销端。直销从 1 到 10 很好做，从 10 到 15 有点难做，从 15 再往上就更难了。但总体来说，To B 对内，解决效率问题，To C 对外，解决收入问题，两者可以分开管，但并不相互矛盾。

2021 年上线的"尊享金陵"会员直销平台取得的成果最为亮眼。"尊享金陵"小程序由金陵饭店集团自主开发，旨在充分利用私域流量，提升直销渠道产量、会员数量和会员消费，不断提升客户黏性和复购率。作为集团拥有自主知识产权的自有直销平台，该系统自上线以来商品交易总额（GMV）已经达到了 5 000 多万，系统会员总数达到 380 多万。整个集团的会员量突破 2 000 万，直销占比超过 10%。"尊享金陵"全年营销目标的实现，不仅是连锁酒店技术与业务的深度融合，是技术赋能传统酒店行业的转型升级，同时也催生了连锁酒店对于新业务和新模式的不断创新和突破。

"尊享金陵"小程序成果转化是集团公司 2022 年 3 月推出的第一个"揭榜挂帅"试点项目，目的是激发金陵饭店集团人奋发图强、干事创业的精气神，以项目化管理、专班式推进、全链条机制推动重点工作落实。项目实施的三大原则，即"共同目标，共同努力""众志成城，取长补短""专注执行，做好落实"，注重挖掘用户端的潜在需求，打造"爆款"产品，提升用户体验感，增加用户黏性和留存率，切实提升产值效益。

总结数字化变革突破发展瓶颈

金陵饭店集团的三次数字化跨越式发展是技术时代酒店企业借助技术解决发展瓶颈的典型做法。总结来看，数字化助力金陵饭店集团做到了业务效率提升、数字业务生态构建，以及数字思维和文化的形成。

首先，无论是请 IBM 公司做 ITSP 规划推动在线下单等基础信息化功能，还是邀请安永全面系统规划数字变革蓝图推动前台、后台以及技术架构的建设，一个核心的诉求始终是让酒店企业在数字化时代提升自身业务效率并持续保持竞争力。

其次，随着数字技术的持续发展，业务效率提升已经无法满足集团的战略发展需要，如何高质量地实现酒店产业规模化扩张是金陵饭店集团思考的核心问题。考虑到旅游业生态环境已经发生了革命性变化，规模化发展的"打法"也要跟着变，集团最终找到的答案是：要以开放的心态，建立共享的数字生态圈。利用数字化技术，一方面实现数字场景再造，全力探索新的数字化业务和商业模式，用数字化工具做分析，创造性拓展服务新领域、新方式，为客人提供良好体验和更大便利，把员工从烦琐重复的劳动中解放出来，更多地关注客人的个性化需求。另一方面，广泛引入生态合作伙伴，开展灵活的数字化运营模式，从生态合作伙伴获得更多的数据洞察和发展可能。

最后，在数字化过程中，金陵饭店集团作为传统企业拥抱数字化技术，在企业文化、企业思维、企业团队建设方面面临了一系列难题和阻碍。数字化变革不仅是对集团硬件的变革，也是对集团"软件"的变革。依赖集团领导一把手的强力支持，金陵饭店集团推出的"尊享金陵"直销平台成果转化项目的"揭榜挂帅"公告，面向全集团的干部职工或团队，将数字化变革项目作为"试金石"，在实战中选拔和锤炼人才，并将数字化思维和文化渗透到企业的所有人。

随着数字化思维和文化的逐渐形成，我们相信，金陵饭店集团在数字化时代将会捕获更多的商机，也能在正确的方向上走得更远。

| 专家洞察 |

金陵饭店集团的价值共生与韧性成长

正所谓"众人拾柴火焰高"，金陵饭店集团在数字化时代中积极寻求与产业伙伴、会员甚至员工的价值共生。在集团的引领下，用数字化将旗下相关产业全部勾连，实现资源共享、技术共享、利益共增。与此同时，金陵饭店集团生态合作伙伴的引入，灵活运营模式的开展，使其获得了更多的数据洞察和人才衔接，开放共赢的酒店行业新生态得以营造，完美诠释并践行了价值共生。

"韧性成长"，也是金陵饭店集团对数字经济的一种态度。集团在实际中进行场景再造，衍生出新的数字化业务和商业模式，搭建产品创新与用户需求的反馈链，用数字化工具去创造性地拓展服务新领域、新方式，为客人提供良好体验和更大便利，把员工从烦琐重复的劳动中解放出来。金陵饭店集团基于"数字化"，打造出了全新的场景服务、场景运营、场景营销等酒店空间经营新商业模式，足以感受到它的韧性成长。

作者简介 ——————————

吴晓松

北京师范大学湾区国际商学院特聘副研究员

戎宇霆

之江实验室金融科技研究中心，高级研究专员

中国管理模式杰出奖

2008年,在全国人大常务委员会原副委员长成思危先生的指导下,中国管理现代化研究会与金蝶国际软件集团有限公司联合国内知名管理学院,发起中国管理模式杰出奖(Chinese Management Model Research,CMMR)遴选活动,旨在发现并表彰优秀的中国企业管理实践。

从2008年至今,CMMR已经调研超过20个行业,深入研究包括海尔、新希望、万科、腾讯等在内的超过130家知名企业,深度访谈超过2000位企业高层,编写超过200万字的案例研究报告,形成了风格鲜明的实地调研方法及流程,传播杰出的管理理念,推广可借鉴的管理模式与案例。CMMR经过十多年的发展积淀,已成为中国管理界最具影响力的奖项之一。

中国管理模式 50 人 + 论坛

中国管理模式 50 人 + 论坛（简称"C50+"）是在总结十多年中国管理模式杰出奖经验的基础上创新成立的。2017 年，中国管理模式 50 人 + 论坛由致力于研究中国管理模式的管理学者和有一定影响力的企业家共同发起，以"让中国管理模式在全球崛起"为使命，以"知行合一"为核心理念，致力于促进理论与实践的对话、交流与合作，推动中国企业管理进步。

2022 年，中国管理模式 50 人 + 论坛专家团队通过实地调研和与高管们交流讨论，总结出这些企业得以在长期发展中脱颖而出的管理要素，将这些成功的经验系统化和理论化，并结合时代洞察，总结发布《2022 中国管理模式 50 人 + 论坛洞察报告》，向社会分享研究成果。

致　谢

编委会在此首先要感谢中国管理模式50人+论坛的专家们对本书的支持。从奔赴多个城市进行现场调研，再到完成本书的各章写作，可以说本书集合了专家们的智慧。

其中特别感谢，第一章的主要作者黄伟；第二章的主要作者乐国林；第三章的主要作者朱武祥；第四章的主要作者吕力；第五章、第六章的主要作者毛基业；第七章的主要作者任兵、乐国林；第八章到第十章的主要作者吴晓松。此外，感谢中国管理模式50人+论坛联席秘书长马旭飞教授对成书及本年度杰出奖遴选工作和年度洞察的智力支持。

对于2022年度中国管理模式杰出奖的获奖企业以及相关高管在百忙中接受专家们的访谈与调研，编委会亦表示感谢。

它们是深圳市左右家私有限公司、利群集团股份有限公司、施耐德电气（中国）有限公司、协鑫（集团）控股有限公司、伽蓝（集团）股份有限公司、友达光电（苏州）有限公司、中垦牧乳业（集团）股份有限公司、明泉集团股份有限公司、济南邦德激光股份有限公司、南京金陵饭店集团有限公司、广州有信科技有限公司、深圳市大洋物流股份有限公司、深圳市思贝克集团有限公司、云南嘉缘花木绿色产业股份有限公司（排名不分先后）。

最后，编委会要感谢金蝶国际软件集团有限公司对本书出版的支持。感谢金蝶集团董事会主席徐少春先生十多年如一日对中国管理模式杰出奖的全力支持。同时感谢大汉控股集团有限公司对第15届中国管理模式杰出奖颁奖盛典的大力支持。

祝愿中国管理模式在全球崛起！

《价值共生 韧性成长：解码中国管理模式》编委会

推荐阅读

读懂未来前沿趋势

一本书读懂碳中和
安永碳中和课题组 著
ISBN：978-7-111-68834-1

双重冲击：大国博弈的未来与未来的世界经济
李晓 著
ISBN：978-7-111-70154-5

一本书读懂 ESG
安永 ESG 课题组 著
ISBN：978-7-111-75390-2

数字化转型路线图：智能商业实操手册
[美]托尼·萨尔德哈（Tony Saldanha）
ISBN：978-7-111-67907-3

杰弗里·摩尔管理系列

畅销30年，全球销量超100万册

ISBN	书名	作者
978-7-111-71084-4	跨越鸿沟：颠覆性产品营销指南（原书第3版）	杰弗里·摩尔 著
978-7-111-68589-0	龙卷风暴	杰弗里·摩尔 著
978-7-111-69518-9	猩猩游戏：高科技潜力股投资指南	杰弗里·摩尔 保罗·约翰逊 汤姆·基波拉 著
978-7-111-65849-8	断层地带：如何打造业务护城河	杰弗里·摩尔 著
978-7-111-46706-9	公司进化论：伟大的企业如何持续创新（珍藏版）	杰弗里·摩尔 著
978-7-111-72546-6	换轨策略：持续增长的新五力分析	杰弗里·摩尔 著
978-7-111-65084-3	梯次增长：颠覆性创新时代的商业作战手册	杰弗里·摩尔 著

最新版
"日本经营之圣"稻盛和夫经营学系列
任正非、张瑞敏、孙正义、俞敏洪、陈春花、杨国安 联袂推荐

序号	书号	书名	作者
1	978-7-111-63557-4	干法	[日]稻盛和夫
2	978-7-111-59009-5	干法（口袋版）	[日]稻盛和夫
3	978-7-111-59953-1	干法（图解版）	[日]稻盛和夫
4	978-7-111-49824-7	干法（精装）	[日]稻盛和夫
5	978-7-111-47025-0	领导者的资质	[日]稻盛和夫
6	978-7-111-63438-6	领导者的资质（口袋版）	[日]稻盛和夫
7	978-7-111-50219-7	阿米巴经营（实战篇）	[日]森田直行
8	978-7-111-48914-6	调动员工积极性的七个关键	[日]稻盛和夫
9	978-7-111-54638-2	敬天爱人：从零开始的挑战	[日]稻盛和夫
10	978-7-111-54296-4	匠人匠心：愚直的坚持	[日]稻盛和夫 山中伸弥
11	978-7-111-57212-1	稻盛和夫谈经营：创造高收益与商业拓展	[日]稻盛和夫
12	978-7-111-57213-8	稻盛和夫谈经营：人才培养与企业传承	[日]稻盛和夫
13	978-7-111-59093-4	稻盛和夫经营学	[日]稻盛和夫
14	978-7-111-63157-6	稻盛和夫经营学（口袋版）	[日]稻盛和夫
15	978-7-111-59636-3	稻盛和夫哲学精要	[日]稻盛和夫
16	978-7-111-59303-4	稻盛哲学为什么激励人：擅用脑科学，带出好团队	[日]岩崎一郎
17	978-7-111-51021-5	拯救人类的哲学	[日]稻盛和夫 梅原猛
18	978-7-111-64261-9	六项精进实践	[日]村田忠嗣
19	978-7-111-61685-6	经营十二条实践	[日]村田忠嗣
20	978-7-111-67962-2	会计七原则实践	[日]村田忠嗣
21	978-7-111-66654-7	信任员工：用爱经营，构筑信赖的伙伴关系	[日]宫田博文
22	978-7-111-63999-2	与万物共生：低碳社会的发展观	[日]稻盛和夫
23	978-7-111-66076-7	与自然和谐：低碳社会的环境观	[日]稻盛和夫
24	978-7-111-70571-0	稻盛和夫如是说	[日]稻盛和夫
25	978-7-111-71820-8	哲学之刀：稻盛和夫笔下的"新日本 新经营"	[日]稻盛和夫